Ernest Borneman

Die Zukunft der Liebe

Fischer Taschenbuch Verlag

Geist und Psyche
Herausgegeben von Willi Köhler
Begründet von Nina Kindler 1964

Originalausgabe
Veröffentlicht im Fischer Taschenbuch Verlag GmbH,
Frankfurt am Main, Februar 1997

Gesamtherstellung: Clausen & Bosse, Leck
Printed in Germany
ISBN 3-596-13232-0

Gedruckt auf chlor- und säurefreiem Papier

Editorische Vorbemerkung

Sah er für seine eigene Liebe keine Zukunft mehr? Hat er deswegen Hand an sich gelegt? Oder war er, der Achtzigjährige, lebensmüde, des Lebens müde? Vielleicht war beides beteiligt, Liebe und Müdigkeit. Wir werden es nicht erfahren. Doch welch bedeutungsschweres Zusammentreffen! Sein letztes Buch vor seinem Freitod galt der menschlichen Liebe, jenem »gewaltigen« Gefühl, das der Mensch jedem anderen Lebewesen – außer Gott – abspricht, jenem Gefühl, das wie kein anderes so abhängig ist von Kultur und Gesellschaft, das in seinen Äußerungsformen so vielfältig ist wie die Formen menschlichen Gemeinwesens. Ernest Borneman, der Weitgereiste und Vielgebildete, war wie die meisten »Menschenforscher« ein Skeptiker, der sich zwar an Utopien berauschen konnte, auch lange Zeit dem Sozialismus anhing, sich aber durch den Gang menschlicher Ereignisse immer wieder auf den harten Boden der Tatsachen herabziehen ließ. Seine immer wieder in seinen Büchern ausgesprochene, letztlich wohl geheime Liebe galt einer Frühform menschlichen Zusammenlebens, einer von Nähe und Wärme, Gleichheit und Menschlichkeit geprägten Geselligkeitsform mit matriarchalen Zügen – einer fast paradiesischen Gemeinschaft, die nach seiner Kenntnis die Menschen des Altneolithikums pflegten. Diese Gemeinschaft wünschte sich Ernest Borneman am Ende seines arbeitsreichen Lebens zurück, und er sah, immer noch unter dem Eindruck seiner Utopie, in der Entwicklung von Liebe und Sexualität Anzeichen für eine Möglichkeit künftiger Realisierung. Allerdings war er nüchtern genug, noch andere, verhängnisvolle Möglichkeiten auszumachen, und so ist sein letztes Buch in seiner Diktion höchst ambivalent, wie es sich für einen Skeptiker ziemt.

wk

*Zur Erinnerung an Jean Rostand,
der dieses Buch inspiriert hat.*

Inhalt

1.

Die Zukunft der Liebe Fragen zur Utopie

»Ich halte es für verfehlt, einen Intellektuellen danach zu beurteilen, ob er richtige Voraussagen macht.«

KARL R. POPPER

»Über die Zukunft zu reden ist der beste Vorwand, sich vor der Gegenwart zu drücken.«

MARK TWAIN

»Futurologie ist die Kunst, Wahlresultate hochzurechnen, ohne Wahlen abzuhalten.«

FAITH POPCORN

»Was hat die Nachwelt für mich getan, daß ich etwas für die Nachwelt tun sollte?«

GEORGE BERNARD SHAW

Dieses Buch beruht auf drei Fragen, von denen jede zwei Gegenfragen auslöst:

Frage 1:

Was ist Liebe? Ist Liebe universell, und hat sie seit den Anfängen der Menschheitsgeschichte bestanden, oder gibt es den Begriff »Liebe« nur seit geschichtlicher Zeit und nur in bestimmten Kulturen? Wenn Liebe ein Produkt unserer westlichen Gesellschaftsordnung ist, was wird aus ihr, wenn unsere Gesellschaft sich drastisch verändert?

Frage 2:

Kann man irgend etwas über die Zukunft der Liebe aussagen, ohne von einem bestimmten Gesellschaftsmodell auszugehen? Falls ja, was wird aus der Liebe, wenn die gesellschaftlichen Widersprüche sich verhärten und die Freiheit der Partnerwahl einschränken? (Siehe Kapitel 3.) Falls nein, was wird aus der Liebe, wenn das soziale Machtgefälle sich einebnet und die Sozialordnung sich dem utopischen Konzept einer klassenlosen Gesellschaft nähert? (Siehe Kapitel 4.)

Frage 3:

Welchen Einfluß werden die Reproduktionsbiologie, die Gentechnik und die anderen Formen der prädiktiven (»vorausschauenden«) Medizin auf das künftige Geschlechtsleben ausüben? Werden sich alle denkbaren Formen zukünftiger Gesellschaftsordnungen in gleicher Weise dieser Formen der Medizin bedienen? Wenn nicht, welcher Gesellschaftsordnung wird es gelingen, sie zu nutzen? Welcher wird es gelingen, sich ihrer zu erwehren? (Siehe Kapitel 5.)

Im zweiten Kapitel verfolge ich die Geschichte des abendländischen Begriffs der Liebe, um danach zu überprüfen, ob dieser

Begriff im Zeitalter der Gentechnologie und der Reproduktionsmedizin noch überleben kann. Hieße das Buch »Die Zukunft des menschlichen Geschlechtslebens«, hätte ich mir dieses Kapitel ersparen können. Denn ein menschliches Geschlechtsleben wird es auch noch lange nach dem Aussterben der Liebe geben. Ich will aber gerade anhand der Liebe die Kurzlebigkeit menschlicher Vorstellungen vom »richtigen« Sexualverhalten demonstrieren.

Im dritten und vierten Kapitel lege ich zwei einander ausschließende Modelle zukünftiger Gesellschaftsordnungen vor, um die Grundthese des Buches zu illustrieren: Eine sexualwissenschaftliche Futurologie kann nur als Nebenprodukt der sozialwissenschaftlichen Zukunftsforschung existieren. Oder anders ausgedrückt: Voraussagen über das Geschlechtsleben der Zukunft sind unmöglich, wenn man keine klaren Vorstellungen von der sozialen Struktur der Zukunft hat – von den zukünftigen Macht- und Besitzverhältnissen, von der sozialen Schichtung und von den Ideologien, die diese Verhältnisse untermauern werden.

Eine offene Gesellschaft, einerlei ob parlamentarisch regiert oder nicht, wird ein anderes Geschlechtsleben fördern als eine geschlossene, die den Zugang zu Macht und Besitz bestimmten Gruppen vorbehält, beispielsweise den Männern oder den Frauen, den »Ariern« wie in Nazideutschland oder den Weißen wie einst in Südafrika. Der Unterschied zwischen offenen und geschlossenen Gesellschaftsordnungen ist aber keineswegs deckungsgleich mit dem zwischen Markt- und Planwirtschaft. Denn im Gegensatz zum Nationalsozialismus, der geschlossensten Gesellschaftsordnung der neueren Geschichte, waren die sozialistischen Planwirtschaften des Ostens in zumindest einer Hinsicht offen: Sie gaben allen ethnischen Minderheiten den Zugang zur Macht frei. Im Vergleich mit dieser relativen Offenheit sind die westlichen Marktwirtschaften geschlossene Systeme, weil sie gegen das oberste Gesetz der Offenheit – das Recht, sich niederzulassen und zu arbeiten – verstoßen, indem sie das Zuzugsrecht von Ausländern einschränken.

Von den beiden in Kapitel 3 und 4 vorgestellten Szenarien wird sich das erste also mit einer Extrapolation der gegenwärtigen Geschehnisse im Osten befassen – mit den Folgen des Zerfalls sozialistischer Hoffnungen und mit dem Triumph der Konkurrenzgesellschaft, die sich demokratisch nennt und den Erwerb materieller

Güter als Kriterium der Leistung betrachtet. Wenn man aus der erstaunlichen Gier nach westlichen Sexualsurrogaten (Pornographie, Sex-Gadgets, Striptease, Peep-Shows) bei den Staatsbürgern der Länder des einstigen »real existierenden« Sozialismus irgend etwas Verläßliches folgern kann, dann ist es die Vermutung, daß der westliche Staat unweigerlich, ob er das will oder nicht, in die Rolle des Dealers geraten wird, der Sexualität als Droge benutzen und die neuen Bundesländer so süchtig machen wird wie der Dealer den Fixer. Das kann nicht ohne Rückschlag bleiben. Ich vermute, daß der Rückschlag die Form einer regressiven Sehnsucht annehmen wird, einer Nostalgie nach einem entstalinisierten, dezentralen, stasifreien, »armen« Sozialismus, mit dem sich mein zweites Modell beschäftigt. Das wäre eine entpolarisierte Gesellschaftsordnung, eine Utopie, wie sie von den fortschrittlichsten Denkern des alten Hellas bereits als Alternative zum Sklavenstaat erdacht worden war. Das wäre die klassenlose Gesellschaft.

Mein fünftes Kapitel befaßt sich mit den heute schon ersichtlichen Auswirkungen der Wissenschaft auf das Geschlechtsleben von morgen. Da dies ein Buch über Sexualität und nicht über Fortpflanzung ist, gehe ich nur insofern auf die Reproduktionsmedizin und die Gentechnologie ein, wie sie die Herstellung maßgeschneiderter Sexualpartner und Sexualpartnerinnen ermöglichen werden – eines der klar voraussagbaren Privilegien der Herrscher von morgen.

Ich gehe also in zwei gegensätzlichen Richtungen vor, indem ich zuerst einmal an den Modellen sehr unterschiedlicher Gesellschaftssysteme den sozialen Einfluß auf das sexuelle Geschehen zu zeigen versuche. Dann untersuche ich den Einfluß des sexuellen Geschehens auf das Sozialleben, indem ich mich frage, wie unterschiedliche Gesellschaftsordnungen auf die neuen Möglichkeiten sexueller Manipulation reagieren werden. Das heißt: Ich befasse mich im dritten und vierten Kapitel mit dem Einfluß der Gesellschaftsstrukturen auf das Geschlechtsverhalten, im fünften dagegen mit dem Einfluß des Geschlechtsverhaltens auf die Gesellschaftsstruktur.

Hegte ich biologistische Überzeugungen, hätte ich keinen Grund gehabt, das Buch zu schreiben. Denn eine Sexualwissenschaft, die ihre Erkenntnisse vornehmlich aus der Evolutions- und Sozialbiologie schöpft, wird auch in der Zukunft nur das Fortleben einer in unseren Genen festgeschriebenen Evolution sehen und sich eine

Veränderung des Geschlechtslebens nur als Resultat einer evolutionären Auslese der sexuell »Tüchtigsten« vorstellen können. Eine solche Sicht verwechselt Sexualität mit Reproduktion und übersieht das Phänomen einer wachsenden Abkoppelung des menschlichen Geschlechtslebens von der Fortpflanzung. Aus diesem Phänomen kann man natürlich, wenn man der Evolutionslehre blind vertraut, den Schluß ziehen, daß unsere Gattung zum Aussterben verurteilt ist, weil gerade die sexuell Tüchtigsten nicht der Fortpflanzung halber koitieren, sondern um sich und ihren Partnern oder Partnerinnen die größte Befriedigung zu verschaffen. Die Zukunft wird nach meinen Erkenntnissen also keineswegs davon bestimmt, welches »egoistische« Gen am Ende durch größere Verbreitung triumphiert, sondern welche Menschen die größere Freude am Geschlechtsleben haben und ihren Partnern oder Partnerinnen die größte Befriedigung vermitteln können. Mein Weltbild ist nicht platonisch, sondern epikuräisch.

In gewissem Sinne ist dies eine Weiterführung der Gedanken aus meinem Hauptwerk *Das Patriarchat* (S. Fischer Verlag, Frankfurt am Main 1975), sozusagen der zweite Band einer Sozialgeschichte der sexuellen Evolution unserer Gattung: ein Versuch, die Abhängigkeit der menschlichen Sexualität von den Gesellschaftssystemen zu erforschen und mit Beispielen zu belegen. Im vorliegenden Buch kommen die Beispiele sowohl aus der Vergangenheit (Kapitel 2) wie der Gegenwart (Kapitel 5), sowohl aus der nahen Zukunft (Kapitel 3) wie aus der fernen (Kapitel 4). Wenn ich das Buch »Die Zukunft der Liebe« nenne, im dritten und fünften Kapitel aber von sexuellen Praktiken spreche, die nichts mehr mit Liebe zu tun haben, dann will ich damit keineswegs sagen, daß ich diese entfremdeten, verdinglichten, mechanisierten Formen des zukünftigen Sexualverhaltens für Liebe halte, sondern darauf hinweisen, daß diese neuen Praktiken ein Schwinden der sexuellen Neugier und damit eine Atrophie des menschlichen Wissensdrangs erzeugen könnten.

Die beiden wichtigsten Entwicklungen im Geschlechtsleben der Gegenwart bestehen erstens in dem schwindenden Verlangen nach dem anderen Geschlecht, zweitens in der wachsenden Überzeugung beider Geschlechter, daß das andere Geschlecht nicht Liebe, sondern nur Macht wolle. Der Kampf der Geschlechter intensiviert sich zwar, aber gleichzeitig schwindet das Interesse am anderen Geschlecht. Der Geschlechterkampf beginnt immer mehr dem Kampf gegen Ausländer zu ähneln. Eigentlich will man gar nicht wissen, wie der andere beschaffen ist und was in ihm vorgeht – man will ihn sich nur vom Leibe halten. Dabei transformiert sich Angst in Wut. Der Gemeinnenner dieser Geschehnisse ist die Atrophie der Neugier. Schrumpft aber die sexuelle Neugier am anderen, dann wird sexuelle Kommunikation zur Selbstbefriedigung. Und dann leidet nicht nur die sexuelle Kommunikation, sondern auch die auf allen anderen Gebieten. Daraus schließe ich, daß die Evolution der menschlichen Sexualität zwei Richtungen zu verfolgen scheint:

Erstens die Förderung jenes gegenseitigen Aufladens der seelischen Batterien, aus denen wir die Kraft zur Bewältigung der nichtsexuellen Aufgaben des Lebens entnehmen. Offenbar funktionieren sexuelle Beziehungen nur dann, wenn sie das metasexuelle Leben beider Partner stabilisieren.

Zweitens die Stimulierung des Lernens und die Erweiterung der Intelligenz unserer Gattung. Verliert der Geschlechtsverkehr seine Funktion als Stimulans der Neugier und des Lernens, dann verliert er auch seine Funktion, uns auf der Evolutionsleiter ein paar Sprossen nach oben zu führen.

Dabei müssen wir auch hier zwischen dem Geschlechtsverkehr als solchem und seiner Funktion als Mittel zur Fortpflanzung unterscheiden. Das ganze erste Jahrhundert der Sexologie war dem Irrtum verfallen, die beiden gleichzusetzen oder zwischen ihren Funktionen orientierungslos hin- und herzupendeln. Nun konnte man bis vor kurzem zwar argumentieren, daß es keine menschliche Fortpflanzung ohne Geschlechtsverkehr geben könne, niemals aber, daß es keinen Geschlechtsverkehr ohne Fortpflanzung gebe. Schon lange vor der Entwicklung der Reproduktionsmedizin wäre es also oberstes Gesetz der Sexualwissenschaft gewesen, strikte Unterscheidung zwischen Sexualität und Reproduktion zu wahren. Sobald wir uns auf das Gebiet der sexuellen Prognose begeben, erkennen wir, wieso das so sein muß.

Vielleicht sollte man neben den Hinweisen auf Inhalt und Struktur des nun folgenden Texts deshalb auch ein paar Worte über die wissenschaftlichen Disziplinen sagen, die dem Buch zugrunde liegen. Die Sexualforschung ist eine recht alte Wissenschaft – mehrere tausend Jahre alt, wenn man zu den hundert Jahren, in denen es den

Begriff Sexologie oder Sexualwissenschaft gibt, die medizinische und philosophische Beschäftigung mit der Geschlechtlichkeit hinzurechnet. Allerdings war diese Beschäftigung stets so heterogen, daß erst vor kurzer Zeit der Gedanke aufgetaucht ist, die medizinischen, psychologischen, sozialwissenschaftlichen, rechtlichen und historischen Teilgebiete zu einer gemeinsamen akademischen Disziplin zusammenzufassen.

Da es so gut wie keinen Wissenschaftler gibt, der auf all diesen Gebieten abgeschlossene Studien betrieben hat, haben wir es mit Sexualmedizin, Sexualpsychologie, Sexualtherapie, Sexualberatung und einem halben Dutzend anderen Unterabteilungen des Hauptfachs zu tun. Manche Laien sehen in der Beschäftigung des Sexualwissenschaftlers mit seiner Materie kaum mehr als den Zeitvertreib geiler alter Herren und Damen, die obendrein auch noch Geld dafür haben wollen. Aber die Sexualwissenschaft ist vielleicht die wichtigste aller Wissenschaften, weil sie sich unter anderem auch mit den lustvollen Motiven der Zeugung und so mit den Gründen des Überlebens unserer Gattung befaßt.

Nun zur Futurologie, der wissenschaftlichen Zukunftsforschung. Die erste Generation der Futurologen stand im Dienst der Kriegsforschung und der Großindustrie. Die ersten Institutionen der Zukunftsforschung wie die Rand Corporation und das Hudson Institute lassen sich nicht aus dem Rahmen solcher zweckgebundenen Aktivitäten wegdenken. Viele Jahre lang diente die Zukunftsforschung der Erfindung neuer Waffen, also dem Versuch, die Lektion zu leugnen, daß der Waffengang Probleme schafft, statt sie zu lösen. An die Zukunft zu denken ist oft ein Vorwand, die Vergangenheit zu vergessen. Ich betrachte die Befunde der ersten Generation von Futurologen deshalb mit einem Anflug von Zweifel. Auch Ossip K. Flechtheim und Robert Jungk, die ersten deutschen Zukunftswissenschaftler, haben sich schon früh von einer regierungs- und wirtschaftsorientierten Futurologie abgegrenzt, um sozial und ökologisch ausgerichtete Forschung zu betreiben.

Das Thema der latenten Präsenz der Zukunft im Leib der Gegenwart hat mich seit langem beschäftigt. Der heute wegen seiner einstigen Sympathien für die DDR so verachtete Ernst Bloch pflegte die Gegenwart als das Noch-nicht-Bestehende und unser Denken als das Noch-nicht-Bewußte zu definieren. Das scheint mir eine bessere Grundlage der Futurologie als die von Herman Kahn und dem Hudson-Institut postulierte. Nicht ohne Grund haben sich alle von Kahn und seinen Kollegen erstellten Prognosen – zum Beispiel die der sechziger Jahre über die neunziger Jahre – als falsch herausgestellt.

Wenn die heutigen Futurologen Modelle zukünftiger Geschehnisse entwerfen, dann benutzen sie bezeichnenderweise den aus der Filmproduktion entlehnten Begriff »Szenarium«. Vielleicht enthüllt sich darin bereits der irreale, phantastische Aspekt eines Forschungszweigs, der sehr viel weniger wissenschaftlich ist, als das Wort »Zukunftswissenschaft« vermuten läßt. Um mich vor gröberen Schnitzern zu bewahren, sage ich in diesem Buch niemals: »So und so wird die Zukunft unseres Sexuallebens aussehen«, sondern stets: »Wenn wir den sozialen, ökonomischen und politischen Kurs A verfolgen, wird unser Geschlechtsleben mit gewisser Wahrscheinlichkeit die Form X annehmen. Verfolgen wir dagegen den Kurs B, wird unser Sexualleben mit analoger Wahrscheinlichkeit die Form Y aufweisen. Begehen wir schließlich den Kurs C, so ist nicht auszuschließen, daß wir uns sexuell in Richtung Z bewegen werden.«

Ich kann dem Leser also keine Prophezeiungen, sondern nur Denkmodelle liefern. Sie sollen seine Phantasie mobilisieren, seine Denkarbeit stimulieren, aber auch seine Kritik herausfordern. Sollte ich in der Euphorie des Schreibens vergessen haben, allzu tollkühne Prognosen einzuschränken, und sollte ich bei der Korrektur des Texts übersehen haben, Satze wie »es wird geschehen« in »es kann geschehen« zu verwandeln, bitte ich den Leser um Verzeihung: Die Feder läuft manchmal der Hand voraus. Wer – wie Vico, Marx, Spengler oder Toynbee – glaubt, daß die Geschichte ein gesetzmäßiges Verhalten aufweist und sich in Zyklen, Phasen oder Entwicklungsstufen bewegt, wird natürlich auch von der Zukunft erwarten, daß sie sich gesetzmäßig verhält und deshalb (zumindest teilweise) voraussagbar ist. Wer in der Geschichte keine Gesetzmäßigkeit sieht, wird die Prognostizierbarkeit der Zukunft skeptischer betrachten.

Die unterschiedlichen Haltungen zur Erforschbarkeit der Zukunft haben offenbar etwas mit den unterschiedlichen Auffassungen von der Freiheit des Willens zu tun. Ein Mensch, der sein eigenes Verhalten voraussagt und sich dann wirklich in der vorausgesagten Weise verhält, wird daraus schließen, daß es so etwas wie einen freien Willen gibt. Wenn der gleiche Mensch aber das Verhalten eines anderen voraussagt und dieser sich dann in der vorausgesagten Weise verhält, wird der erste daraus folgern, daß der andere keinen freien Willen hat. Und wenn alle anderen sich auch so benehmen, wird er folgern, daß es keinen freien Willen gibt. Das Konzept des freien Willens, auf dem alle parlamentarischen Demokratien beruhen, ist also eine höchst fragwürdige Konstruktion, deren Verifizierung und Falsifizierung weitgehend vom Standpunkt des Beobachters abhängt.

Wenn ich im folgenden einige entwicklungsgeschichtliche Linien aus der sexuellen Evolution des Menschen über die Gegenwart hinaus in eine völlig offene Zukunft hinein verlängere, so betone ich also, daß ich mir der beschränkten Verläßlichkeit solcher Prognosen bewußt bin. »Der Mensch macht seine eigene Geschichte«, pflegte mein Archäologielehrer, der Vorgeschichtsforscher Vere Gordon Childe, zu sagen. Und damit meinte er, daß es keinen historischen Determinismus, keine geschichtliche Notwendigkeit gebe, die frei vom Willen und der Entscheidungskraft des Menschen sei. Die Geschichte ist nicht *entweder* frei *oder* determiniert, sondern beides zugleich.

Es ist heute durchaus möglich, das Sexualverhalten größerer oder kleinerer Gruppen mit kybernetischen Simulatoren durchzuspielen. Die Methode der Computersimulation beruht auf der Beobachtung und dem Vergleich einer Anzahl von Samplegruppen. Sind die sozialen und ökonomischen Umstände der Vergleichsgruppen korrekt recherchiert und die Parameter, denen ihr Verhalten mehrheitlich unterliegt, richtig erfaßt worden, dann läßt sich nicht nur ihr soziales und ökonomisches, sondern auch ihr sexuelles Verhalten mit relativer Sicherheit voraussagen. Aber die Sicherheit ist eben nur relativ. Und das hat seine Gründe darin, daß niemand auf der Welt, auch nicht das Kinsey-Institut in Bloomington oder das Masters und Johnson-Institut in St. Louis, genügend sexuelle Basisdaten besitzt, um auch nur halb so effektiv über das Geschlechtsverhalten zu informieren wie jedes statistische Bundesamt in jedem westeuropäischen Staat über das soziale und ökonomische Verhalten seiner Staatsbürger. Keine Wissenschaft der Welt wird schlechter finanziert als die Sexualwissenschaft. Nicht weil die Sexualwissenschaftler so dumm oder so faul sind, weiß die Sexualwissenschaft so wenig über die menschliche Sexualität, sondern weil sie keine Forschungsgelder erhalten. Und wieso erhalten sie keine Forschungsgelder? Weil die meisten Menschen gar nicht wissen wollen, was sexuell in ihnen vorgeht.

Deshalb wird dieses Buch wohl auf einen gewissen Widerstand stoßen – besonders weil jede Veröffentlichung einer Prognose deren Gültigkeit beeinflußt. Indem wir die Zukunft zu lesen versuchen, verändern wir sie. Das merkt man am deutlichsten bei Wahlprognosen. Die Prognose großer Meinungsumschwünge vor einer Wahl verändert das Wahlverhalten selbst dann, wenn die Prognose falsch war. In begrenztem Ausmaß wird dieses Buch deshalb auch das Sexualverhalten von morgen beeinflussen. Ich habe das bereits während der langen Zeit, in der ich an diesem Thema arbeite, feststellen müssen.

Meine ersten Schriften zur sexuellen Futurologie stammen aus dem Jahr 1970. Im Jahr 1975 erschien mein Buch *Das Patriarchat*, dessen letzter Teil sich mit dem Geschlechtsleben in der Zukunft befaßte. 1978 erschien mein Aufsatz zu dieser Thematik in der von Robert Jungk herausgegebenen *Enzyklopädie der Zukunft*. Seitdem sind mehrere Vorfassungen dieses Buches als Artikel oder Serien veröffentlicht worden. Wie bei allen Büchern, an denen man sehr lange arbeitet, zeigt auch das vorliegende Werk gewisse Altersschwächen. Viele der Prognosen aus den frühen Schriften sind mittlerweile Wirklichkeit geworden. So fast alles, was auf den Gebieten der Gentechnologie und der Reproduktionsmedizin geschehen ist. Die einstige Reaktion der Leser (»So etwas wird es *nie* geben!«) ist deshalb von der gelangweilten Reaktion mancher Leser (»Gibt's ja alles schon!«) eingeholt worden. Andererseits sind viele meiner früheren Prognosen durch die wachsende Angst vor Aids entwertet worden.

Was sich als korrekt erwiesen hat, ist die Prognose zunehmender Verwendung staatlicher Druckmittel gegen unerwünschte oder als gefährlich betrachtete sexuelle Minderheiten. Siehe die von Präsident Bush unterstützte Kampagne gegen den Schwangerschaftsabbruch in den Vereinigten Staaten. Siehe die konservative Kritik an der »viel zu liberalen« Aids-Politik mancher westlicher Regierungen. Erfassen, Registrieren, Tätowieren, Einsperren, Isolieren sind noch die harmlosesten Forderungen gegen Aids-Positive. In fast allen Ländern, einschließlich denen der »Dritten« Welt und den soeben erst entstalinisierten Staaten des Ostens, hat sich eine jährlich erstarkende Front gebildet, die Vernichtungslager als einzige finanzierbare Endlösung des Aidsproblems verlangt – so bei der Pamjat-Bewegung in Rußland und der Vatra-Romanesca-Bewegung in Rumänien. Sehen wir das in Verbindung mit der weltweit verbreiteten Behauptung, Ausländer verführten oder vergewaltigten die heimischen Frauen und brächten Geschlechtskrankheiten ins Land; sehen wir es im Zusammenhang mit der Forderung der Prädiktivmedizin, daß jeder Staatsbürger genetisch überprüft und im Falle eines Erbgutdefekts genchirurgisch behandelt oder sterilisiert werden solle, dann mag das erste meiner beiden Szenarien nicht mehr ganz so unglaubhaft klingen.

2.

Liebe
Die Geschichte einer Utopie

»Si vis amari, ama!«

SENECA

»Wie kann einer Gott lieben, der nicht seine Werke liebt?«

BÖRNE

»Die Liebe gibt ihren Namen für zahlreiche Verhältnisse her, an denen sie keinen größeren Anteil hat als der Doge an den Vorgängen in Venedig.«

LA ROCHEFOUCAULD

In der abendländischen Kultur gilt die Liebe als die höchste, die reinste, die schlechthin sublime Form der zwischenmenschlichen Emotionen. Befragungen in den Ländern der westlichen Kultur kommen fast einstimmig zu den folgenden Resultaten, die offensichtlich der Meinung einer überwältigenden Mehrzahl von Frauen und Männern entsprechen:

1. Die Liebe ist so alt wie die Menschheit.
2. Die Liebe existiert überall auf der Welt.
3. Auf die Liebe gestützte Sexualbeziehungen sind wertvoller als solche, die nur auf sexuellem Verlangen beruhen.
4. Richtige Liebe ist gegenseitig. Nur unglückliche Liebe ist einseitig. Deshalb ist unerwiderte Liebe auch keine richtige Liebe.*

Stimmt das alles? Ist Liebe wirklich so alt, so universell, so gesund und so widerspruchsfrei, wie die meisten von uns glauben?

Ehe wir irgendwelche Prognosen über die Zukunft der Liebe wagen, müssen wir uns also mit ihrer Vergangenheit befassen. Ehe wir uns mit ihrer Vergangenheit befassen können, müssen wir aber wissen, was sie *ist*. Oder vielleicht erfahren wir, was sie ist, indem wir ihre Geschichte ergründen.

Wir besitzen keine Beweise dafür, daß das Konzept »Liebe« bereits in der Vorgeschichte bestand. Die kunnischen und phallischen Kultfiguren der Vorgeschichte waren bestimmt keine Liebesamulette. Sie zelebrierten nicht einmal den Geschlechtsverkehr, sondern

* Mein Freund Igor Caruso pflegte zu sagen, der Begriff der unglücklichen Liebe erinnere ihn stets an Hegels Begriff des falschen Bewußtseins.

ausschließlich die Fortpflanzung. Denn Nachwuchs war die Lebensversicherung der Steinzeit. Je mehr Kinder die Menschen hatten, desto größer die Hoffnung, im Alter versorgt zu werden.

Fruchtbarkeitskulte prägen die europäische Frühgeschichte. In den frühesten Schichten der griechischen Sprache gibt es mehr kultische als sexuelle Vokabeln. Die frühesten Ausdrücke für geschlechtliches Verhalten sind rein deskriptiv. Eine emotionale Dimension finden wir zum erstenmal bei Sappho, also gegen Ende des 6. Jahrhunderts vor Christus. Mit ihren Gedichten beginnt der erste beweisbare Durchbruch von der Fortpflanzung zur Sexualität und von der Sexualität zur Liebe. Alle Erwähnungen liebesähnlicher Gefühle bei Homer und in der Bibel stammen aus späterer Zeit.

Da Sappho von ihren Gespielinnen keine Kinder empfangen konnte, sah sie den Geschlechtsverkehr als selbständige, nicht mehr der Fortpflanzung untergeordnete Tätigkeit. Diese Autonomisierung der Sexualität war der erste Schritt zum Konzept der Liebe. Der zweite war die Erkenntnis der Vergänglichkeit geschlechtlicher Beziehungen. Denn im Gegensatz zu den Heterosexuellen, die sich ein gemeinsames Altern der Eheleute durchaus vorstellen konnten, war Sappho in besonders hohem Maße auf das Schönheitsideal des *jungen* Menschen fixiert. Das Bewußtsein des Alterns, die schmerzliche Erkenntnis, daß der Verfall des Körpers nicht aufzuhalten ist, paßt ganz und gar nicht zu der heiteren Sinnesfreude des alten Hellas. Gerade weil körperliche Freuden keineswegs tabuiert waren, galt diese neue, von Tragik überschattete Beziehung als Gefahr für das ganze Gemeinwesen.

Denn das Gemeinwesen beruhte auf der angestrebten Harmonie des Ganzen, auf den ausgewogenen Beziehungen zwischen den Menschen einerseits und zwischen den Menschen und ihren Göttern auf der anderen Seite. Jede *Leidenschaft* drohte das Gleichgewicht zu zerstören. Niemand hatte etwas gegen Geschlechtsverkehr, auch nicht zwischen Frauen und Männern. Sobald die sexuellen Spiele aber zur gegenseitigen sexuellen *Abhängigkeit* oder gar zur einseitigen *Hörigkeit* führten, sahen die Griechen darin einen Wahn, einen Fluch, eine Strafe der Götter.

Ein bezeichnender Aspekt dieser neuen Leidenschaft war die Nostalgie. Sappho leitete einen *thĭăsos*, einen Kulturverein, der junge Mädchen zum Singen, zum Tanzen und zum Geschlechtsverkehr erzog. Wurden die Mädchen reif, so mußten die Beziehungen zwischen Lehrerin und Schülerin abgebrochen werden. So auch im päderastischen Sittenkodex des klassischen Athen, der sich weitgehend auf Sapphos Lehren stützte. Begann beim Knaben das erste Schamhaar zu sprießen, so hatte die Beziehung mit dem erwachsenen Freund zu enden. Das Bewußtsein der Kurzlebigkeit dieser Liebe gab ihr den Charakter einer Passion, einer vom Tode gezeichneten Hingabe.

Dieser erste Ansatz zu dem, was im Mittelalter und dann wieder im 19. Jahrhundert zu dem heutigen Konzept der Liebe führen sollte, starb während des Hellenismus aus. Wir finden so gut wie keine Spuren davon in der römischen Geschichte und im frühen Mittelalter. Vom 6. bis zum 11. Jahrhundert war die Sexualität, trotz aller Bekehrungsversuche der Kirche, in ganz Europa heidnisch, also hedonistisch. Erst mit den *Troubadours de Languedoc* begann ein neuer Kult der Liebe, der aber Elemente des Verzichts enthielt, die Sappho, Sokrates und Platon völlig unverständlich gewesen wären. Andererseits verstärkte der neue Kult die bereits im Liebesbegriff der griechischen Päderasten enthaltenen Bestandteile des Fetischismus und des Masochismus.

Die Liebe der Troubadours war ein Ritus des Frauendiensts. Und dieser Dienst bedeutete Erniedrigung vor der auserwählten Dame. Fetischismus und Masochismus sprechen aus den Worten und Taten der Troubadours: das Tragen des Hemdes der Geliebten, das Sammeln ihrer Haare und Schamhaare, vor allem das Bestehen der Probenacht, in der der Mann nackt neben der Geliebten liegen mußte, ohne sie zu berühren.

Die Dynamik dieser Liebe war ihre Unerfüllbarkeit. Wie der Fetischist den Koitus als vulgär betrachtet, so betrachteten die Troubadours die geschlechtliche Erfüllung als Verrat an der Liebe. Hier spricht die Stimme Manis, des persischen Propheten, der das Fleisch als Werkzeug Satans ansah. Und aus dieser Wurzel erwuchs viel von der Liebesliteratur des Abendlandes: Siegfried und Kriemhild gegen Ende des 12. Jahrhunderts, Tristan und Isolde zwischen 1200 und 1210, Calixto und Melibea um 1499, Romeo und Julia um 1590, Faust und Gretchen gegen Ende des 18. Jahrhunderts. Es ist deshalb auch nicht erstaunlich, daß Dichtung und Musik der Troubadours mit den Albigenserkriegen zu Ende gingen. Denn dies waren die

Kriege der Kirche gegen die Katharer, und die Katharer waren die ideologischen Väter der Troubadours.

Bis heute ist ungeklärt, in welchem Maße die Troubadours mit griechischer Literatur vertraut waren. Aber jede Schriftkultur entnimmt aus dem Reservoir der Geschichte jene Vorstellungen, die ihre eigenen Bestrebungen zu bestätigen scheinen. Das gilt auch für sexuelle Vorstellungen. Manche Vorstellungen der Manichäer und Katharer erinnern an neoplatonische Quellen des Altertums. Andererseits finden wir im romantischen Liebesbegriff des 19. Jahrhunderts nicht nur Rückgriffe auf die Gnosis, sondern auch auf vorgeschichtliche und frühgeschichtliche Sexualvorstellungen. Allerdings nahmen die Romantiker aus den Mutterreligionen des vorhellenischen Altertums nicht die beharrenden, aufbauenden, sozialisierenden Aspekte des Femininen, sondern nur die dämonischen: nicht Sophia, die Weisheit, sondern Eva, die Verführerin. Aus der Vielfalt der hellenischen Kultur entlehnten sie ausgerechnet das Ideal der Liebe als Leidenschaft und koppelten es mit dem beängstigendsten Konzept der klassischen Tragödie: daß das tragische Schicksal nicht aus Schlechtigkeit, sondern aus Unwissenheit erwächst und deshalb unvermeidbar ist. Damit war die Dämonisierung der Liebe vollzogen.

Aus dem Christentum entnahm die Romantik nicht die Barmherzigkeit der Agape, nicht die allumfassende Humanität des Christus, sondern die paulinische Frauenangst und Frauenfeindlichkeit, den Sadomasochismus der Anachoreten, der Geißler, der Inquisitoren, der Puritaner. Von den Arabern, siebenhundert Jahre lang Herrscher über Spanien, entlehnten die Romantiker das Konzept des Kismet, das zwei füreinander bestimmte Liebende zusammenführt und ihr Schicksal fortan bis in den unvermeidlichen Tod regiert. Von den Troubadours schließlich kam die Verknüpfung der Liebe mit dem Tod, der volkstümliche Niederschlag des wohlgehüteten Geheimnisses der manichäischen Lehre: daß die Erfüllung des Eros dessen Negierung ist.

De Sade führte diese Konzepte zu ihrem logischen Ziel: zur Definition der Liebe als Zerstörung. Und die Spätromantik des *l'art pour l'art* – Baudelaire, Rimbaud, Verlaine und ihre Epigonen, der gotische Kult in England, die *tristezza della voluttà* in Italien – knüpfte an de Sade an und formte das Ideal einer Liebe, die in der Zerstörung des anderen den Preis der Leidenschaft sah.

Es mag im ersten Augenblick paradox klingen, wenn wir sagen, daß die katholische Kirche diese Tradition eine Zeitlang weitergeführt hat. Aber erstens war der wichtigste Kirchenvater, Augustinus, jahrelang Manichäer, ehe er im Jahr 387 von Ambrosius zum Christentum bekehrt worden war, und zweitens ist sein Konzept des Kampfes zwischen Eros und Thanatos, zwischen Liebe und Tod, auf dem Umweg über seine Lehre vom ewigen Kampf zwischen Gnade und Sünde, zwischen Gottesstaat und Weltstaat ein für allemal in die katholische Theologie eingegangen.

Zwei weitere Einflüsse der Kirche auf das weltliche Konzept der Liebe bestanden in der Ableitung des Sakraments der Ehe aus der Ehe Christi mit seiner Kirche und in der Ableitung der ehelichen Liebe aus der Gottesliebe Christi. Die Ehe dürfe nicht geschieden werden, weil die Kirche sich auch von Christus nicht scheiden lassen könne. Das gab sowohl der Liebe wie der Ehe einen quasi heiligen Status. Die Logik lautete: Da es nur *einen* Christus und nur *eine* Kirche gebe, dürfe der gläubige Christ nur *einmal* heiraten und müßte nach dem Tod des Ehegatten/der Ehegattin auf eine Zweitheirat verzichten.

Obgleich dieser letzte Gedanke im Laufe der Kirchengeschichte ein wenig vernachlässigt worden ist und christliche Männer heute nicht mehr wie die Brahmanen zu verlangen wagen, daß ihre Witwen sich auf dem Scheiterhaufen opfern, haftet dem Christentum doch ein gewisser Hang zur Vergötterung der Liebe und der Ehe an. Darin verborgen liegt aber auch ein Hang zur Verteufelung beider Phänomene. Denn wenn der Paarungsakt, solange er nur innerhalb der Ehe stattfindet, ein Abbild des heiligsten aller Vorgänge ist, liegt es nur allzu nahe, ihn als einen teuflischen Akt zu klassifizieren, wenn er sich vor oder außerhalb der Ehe abspielt.

Die Liebe zu Gott ist unerfüllbar, und eben darin liegt ihr transzendentaler Status. Benützen wir das gleiche Wort »Liebe« für die Beziehung zu einem irdischen Wesen, so erwarten wir, daß dieses Wesen unsere sublimsten Wünsche erfüllt. Das kann es aber nicht, denn es ist kein Gott. Der heutige emanzipierte Westler hält sich zwar weder für perfekt noch für einen Gott, aber im weltlichen Sinne doch für recht kompetent. Von seiner Partnerin erwartet er indes mehr als Kompetenz: Er erwartet eine fast schon göttliche Perfektion. William Novak, der Autor des nicht unklugen Buches

The Great American Man Shortage, nennt das »The-I'm-okay, you'd-better-be-perfect-Syndrome«! Jeder Mann sieht sich als Prinz, der seine Prinzessin verdient, jede Frau sich aber auch als Prinzessin, der ein Prinz gebührt. Das ist der säkulare Niederschlag der Deifikation der Liebe. Er hat Folgen gehabt. Denn die maßlose Überschätzung des geliebten Wesens hat sich auch in der Zeit des religiösen Verfalls erhalten, hat sich sogar in ein Substitut des Glaubens an ein höheres Wesen verwandelt. Das geschah genau zu der Zeit, in welcher der bürgerliche Westen seinen Glauben an die Politik als ethisches und kulturelles Werkzeug zu verlieren begann.

In das so entstandene Vakuum trat der Glaube an die Allmacht der geschlechtlichen Liebe – der letzte Glaube einer agnostischen Zivilisation. Es ist kein Zufall, daß dies genau in jenem Stadium der menschlichen Entwicklung geschah, in dem das Bürgertum zum erstenmal in gewissen Ländern einer Mehrheit der Bevölkerung jene Privilegien zukommen lassen konnte, die bis dahin nur Minoritätsgruppen zur Verfügung gestanden hatten: Bildung und Freizeit.

Zur Zeit der Französischen Revolution, als das Bürgertum noch in bitterer Opposition zum Feudalismus stand, gab es berechtigte Hoffnungen, daß die menschlichen Probleme sich lösen ließen, wenn man nur endlich die politischen lösen könne. Als das Bürgertum zur Macht gekommen war und die menschlichen Probleme sich noch immer nicht gelöst hatten, ja in vieler Hinsicht gravierender geworden waren, glaubte Marx (nicht ohne Grund), daß man sie lösen werde, wenn man nur die Herrschaft des Bürgertums brechen könne. Als aber die Herrschaft des Bürgertums in vielen Ländern bereits gebrochen war und die alten sexuellen Probleme nicht gleich von selbst schwinden wollten, da schwanden bei den Ungeduldigen, den Zaghaften und den Wetterwendischen die Hoffnungen, daß sich menschliche Probleme mit politischen Mitteln lösen ließen.

Der Zusammenbruch der großen populistischen Bewegungen des neunzehnten und zwanzigsten Jahrhunderts – des Sozialismus in seinen demokratischen, stalinistischen und maoistischen Varianten und des Faschismus in seinen italienischen, deutschen, spanischen und lateinamerikanischen Erscheinungsformen, gefolgt von der schmerzlichen Entdeckung, daß die von den Vereinigten Staaten angestrengten Entnazifizierungsprozesse eher Korruption als Gerechtigkeit gebracht haben – hat aber auch zu einer zweiten, der Deifizierung der Liebe entgegenlaufenden Dynamik geführt. Nachdem alle politischen Systeme, einschließlich der parlamentarischen Demokratie, des Wohlfahrtsstaats und der pluralistischen Gesellschaft, sich als fehlbar erwiesen hatten, trat ein politischer Stillstand ein, eine Sinnentleerung der Politik.

Auch die Liebe war ja ein Sinnsystem gewesen, ein Versuch der Liebesideologen, dem Streben nach sexueller Befriedigung einen Sinn und eine Ordnung zu geben, wie die politischen Ideologen versucht hatten, dem Streben nach materiellen Gütern einen Sinn, eine Moral und eine Ordnung zu verleihen. Wie eine politische Partei sich nur im Widerspruch zu einem realen oder fiktiven Gegner definieren kann, so kann sich die sexuelle Identität der Menschen aber auch nur im Kontrast zur Identität des anderen Geschlechts herauskristallisieren. Das, was anders ist, wird allein durch den Versuch, sich selbst zu erkennen, zum Feindbild. Dieses Feindbild ist fiktiv, weil auch das, was die Menschen zur Urhorde, zur Partei, zum Staat, zur Nation macht, eine Fiktion ist. Alle Feindbilder, die politischen wie die sexuellen, werden durch Negation gewonnen. »Ich bin nicht wie du. Also bist du mein Nicht-Ich. Also bist du mein Gegner.« Imaginierte Gemeinschaften und deren imaginierte Feinde sind sowohl in der Politik wie in der Sexualität eng miteinander verknüpft. In beiden Fällen ist die Fiktion eines angeborenen Feindes erforderlich, um eine defensive Gemeinschaft zu bilden. So kann sich die Fiktion eines »Volkes« und einer »Volksgemeinschaft« nur dann herausbilden, wenn sich zuerst einmal die Fiktion eines *gegnerischen* Volkes entwickelt hat.

Der Ausländerhaß, der fast alle Nationen in den Zeiten der Arbeitslosigkeit und Armut erfaßt hat, ist nach außen projizierter Selbsthaß. Er funktioniert nach der Formel: »Ich schäme mich, weil ich arm und arbeitslos bin. Da ich arbeitswillig und auch fleißig bin, kann es nicht an mir liegen, daß es mir so schlecht geht. Es kann nur an den Ausländern liegen, denn die wollen meinen Arbeitsplatz.« Die Tatsache, daß kein Mensch sein Heimatland freiwillig verläßt und daß es den »Ausländern« also noch viel schlechter gegangen sein mußte als uns, ehe sie den verzweifelten Weg der Auswanderung ergriffen hatten, wird systematisch verdrängt.

Am schlimmsten ist der Ausländerhaß in den »neuen« Bundesländern. Dort ist das Phänomen des in Fremdenhaß umgeschlagenen Selbsthasses noch deutlicher zu erkennen als in den »alten« Bundesländern. Die Bürger der DDR, die unter der Stasi gelitten, aber nie gewagt hatten, sich gegen sie zu wehren, schämten sich ihrer Feigheit und reagierten mit Haß auf diejenigen, denen es unter dem stalinistischen Regime noch schlechter gegangen war als ihnen selbst – die ausländischen »Gastarbeiter«, welche die Partei herangeholt hatte, um die Arbeitslast der DDR zu bewältigen. Die, die es nicht gewagt hatten, gegen ihre Herren aufzustehen, verprügelten nun ihre Knechte. Nicht unähnlich kommt auch die heutige Geschlechterfeindschaft zustande. Männer entwickeln Frauenhaß, weil sie es nicht gewagt haben, ihren Müttern zu widersprechen. Frauen entwickeln Männerhaß, weil sie vor ihren Vätern gekuscht haben.

Es gibt in unserer westlichen Gegenwartskultur eine wachsende Anzahl von Menschen, die sich dieser Zusammenhänge durchaus bewußt sind, trotzdem aber noch immer an die »Liebe« glauben, indem sie argumentieren, die abendländische, materiell orientierte Kultur sei sowieso tot, im »Orient«, im »Osten« gebe es dagegen noch immer »wirkliche« Liebe. Je nachdem, an welche östliche Kultur der vom Westen Enttäuschte dabei denkt, werden da isolierte Bestandteile aus chinesischen, indischen, japanischen und anderen Kulturen eklektisch zusammengepanscht und verrührt – buddhistische, hinduistische und muslimische Religionssplitter: Zen, Tantra, Kum Nye, Danya, Taichi; pantheistische und polytheistische Religionsfragmente, Natur- und Offenbarungsreligionen, Volks- und Mysterienkulte, Reinkarnation und Rebirthing, Gurdyeff und Ouspensky. Hier finden die Blumenkinder, die Sektierer und die Sextouristen eine gemeinsame Heimat in der Realitätsflucht. So wird das westliche Konzept der Liebe dann orientalisiert, esoterisiert und prostituiert.

Und so wird die Liebe zur Briefmarke, die entwertet werden kann, indem man ihr einen Stempel aufdrückt, die aber um so wertvoller wird, je rarer sie ist. Indem man unter dem Druck des »Zeitgeists« immer neue Auflagen der Liebe in Umlauf bringt, steigt zwar der Sammlerwert, aber der sexuelle Wert sinkt. Eine solche Orientierungslosigkeit wäre im Mittelalter undenkbar gewesen – nicht nur, weil der Glaube an eine bessere Welt im Jenseits das irdische

Jammertal erträglich machte, sondern weil die Großfamilie dem einzelnen ein Gefühl der Gemeinschaft und Zugehörigkeit gab, das von vornherein die Fixierung auf das Einzelwesen verhinderte – auf das eigene Ich genauso wie das Ich der einzigen, auserwählten Geliebten. Eine ungeheure Kluft trennte Reich von Arm, aber eines hatte der Leibeigene mit dem Feudalherrn, der Gildenmeister mit dem Gesellen gemein: Wenn jemand in Not geriet, gab es eine Familie, auf die man sich verlassen konnte. Das Gefühl der Einsamkeit, des Angewiesenseins auf den Geliebten, auf die Geliebte als einziger Person auf der ganzen Erde, von der unser Schicksal abhängt – das gab es noch nicht. Denn der automatisierte Haushalt unserer Zeit, die Kleinfamilie von Mann, Frau und Kind in ihrer elektrisch gesteuerten Wohnung, bestand noch nicht. Er konnte noch nicht bestehen, weil es noch keine Technologie gab, die ihn wirtschaftlich realisierbar machte.

Das hatte Vorteile und Nachteile. Die Nachteile lagen vor allem in der Unmöglichkeit, je im Haus allein zu sein. Die Vorteile lagen darin, daß die Kinder nie von einem Einzelwesen, sei es Mutter oder Vater, abhängig waren, sondern stets auf Brüder, Schwestern, Onkel, Tanten, Vettern, Basen, Großeltern oder Urgroßeltern zurückgreifen konnten, die oft alle im gleichen Gehöft oder zumindest im gleichen Ort lebten. Wenn die Mutter krank wurde, wenn der Vater starb, war das nie eine Tragödie vom heutigen Ausmaß. Die Kinder wuchsen in einem Gefühl unvergleichlich größerer Sicherheit und Geborgenheit auf. Und das spiegelte sich in ihrem Geschlechtsleben wider.

Wenn sie erwachsen waren und auf Brautschau gingen, lebten sie nie in der Illusion, ein einziger Mensch könne alle Tugenden besitzen, die sie unter den vielen Mitgliedern des großen, des ganzen Hauses verteilt gesehen hatten. Nie glaubte der Mann, eine einzige Frau sei für ihn auserwählt. Nie glaubte die Frau, ein einmaliger, unersetzlicher Mann sei für sie vorgesehen. Und nie erlebten die beiden deshalb die Enttäuschung, die denen beschieden ist, die an das Unmögliche glauben. Denn wo sich die ganze Glückserwartung des Mannes auf eine einzige, unersetzliche Frau, die ganze Hoffnung der Frau auf einen einzigen, unersetzlichen Mann richtet, gewinnt der kleinste Makel, der leichteste Anflug einer Krankheit, der geringste Fehler unverhältnismäßig große Bedeutung.

Die sexuelle Partnerwahl des Erwachsenen hängt also in hohem Maß von der Art und Anzahl der Bezugspersonen ab, die er in der Kindheit erlebt hat: je größer die Anzahl (und je breiter die Auswahl) unserer einstigen Bezugspersonen, desto größer die Anzahl (und desto breiter die Auswahl) der Menschen, die wir im Erwachsenenalter für mögliche Sexualpartner halten. Je kleiner die Anzahl der Bezugspersonen, die wir im Kindesalter zur Verfügung hatten, desto eingeengter die Partnerwahl des Erwachsenen. Am engsten ist sie in den Halbfamilien, bei alleinerziehenden Eltern und in jenen Kleinfamilien, welche die Großeltern ins Altersheim abschieben. Da sich die Vorbilder in diesem Fall auf Vater oder Mutter beschränken, stattet das Kind seine Sexualpartner später mit einer Einmaligkeit aus, die diese objektiv nicht besitzen. Und da das zum Erwachsenen herangereifte Kind sich der Tatsache, daß es dies tut, nicht bewußt ist, kann es sich auch nicht gegen sein eigenes Handeln wehren und nimmt deshalb nicht wahr, daß die Eigenschaften, die es in seinem Sexualpartner sieht, Eigenschaften sind, die es ihm zuschreibt.

Da dieser ganze Prozeß im Unbewußten abläuft, macht er uns widerstandsunfähig. Denn wir können uns mit Willenskraft nur gegen das wehren, was uns bewußt ist. Ist es uns nicht bewußt, sind wir wehrlos.

Deshalb neigen wir zu der Illusion, daß es einen auserwählten, vorbestimmten Partner geben müsse, den wir nur zu finden brauchen, um fortan glücklich zu sein. Diese Illusion hat den guten Grund, daß jeder von uns tatsächlich nur *eine* Mutter und nur *einen* Vater hat. Sowohl in der Großfamilie wie in Stammeskulturen wird diese Tatsache nun aber dadurch verschleiert, daß die Kinder von Geburt an mit mehreren Frauen vom Alter der Mutter und mehreren Männern vom Alter des Vaters vertraut sind. Stirbt die Mutter, orientiert sich der Junge in der Großfamilie an der Magd oder der Tante. Erkrankt der Vater, so wählt sich das kleine Mädchen den Onkel oder einen der Knechte zum Vorbild ihres späteren Sexualpartners.

Das Kennzeichen der romantischen Liebe – die Konzentration der Libido auf eine einzige Person – ist also ein Produkt der Kleinfamilie. In Großfamilien und Stammeskulturen gibt es nichts Vergleichbares. Die einstigen Bezugspersonen bestimmen aber nicht nur die *Art* des späteren Sexualpartners, sondern auch die *Intensität* der Beziehung zu ihm. Je intensiver die Beziehung zu den Eltern oder deren Substituten, desto intensiver ist meist auch die Beziehung zum späteren Sexualpartner. Allerdings trifft das am deutlichsten bei »richtiger«, d. h. elternähnlicher Partnerwahl zu. Es gibt aber auch die Möglichkeit, daß das kleine Mädchen ihren Vater *haßt* und dann die bewußte oder auch unbewußte Entscheidung trifft: »Also wie mein Vater darf mein Mann *nie* sein!« Oder daß der Junge sich sagt: »So wie meine Mutter darf meine Frau *nie* sein!« Auch hier jedoch entspricht die Intensität des *Hasses* oft der Intensität, mit welcher der spätere Partner *geliebt* wird. Relevant ist also nicht nur die *Art* der Beziehung zu den Eltern, sondern auch die *Intensität* dieser Beziehung. Irrelevant dagegen ist die Frage, ob die Beziehung liebevoll oder haßerfüllt gewesen ist.

In jenen Perioden der Gesellschaftsgeschichte, in denen die Dynamik der Beziehungen zwischen Eltern und Kindern abflaut, flauen auch die Beziehungen zwischen den Geschlechtern ab. In einem Zeitalter wie dem unsrigen, in dem Eltern und Kinder einander weder intensiv lieben noch intensiv hassen, sondern einander bestenfalls geduldig tolerieren, werden unweigerlich auch die Beziehungen zwischen den Geschlechtern abkühlen. Mehr darüber, wenn wir uns in dem vorliegenden Buch der pluralistischen Sozialisation der Kinder in einer pluralistischen Gesellschaftsordnung zuwenden.

Als die Kleinfamilie noch jung war und die Beziehungen der Kinder zu ihren Eltern zwischen Liebe und Haß oszillierten, war das anders. Solche aus nur drei Personen bestehenden Kleinfamilien ähnelten einem dreibeinigen Stuhl: Das Ausscheiden von Vater, Mutter oder Kind durch Tod, Krankheit oder Scheidung wirkte wie das Absägen eines Stuhlbeins und brachte oft das ganze Familiengebäude zu Fall. Deshalb werden die in solchen Familien aufgewachsenen Menschen lebenslang von Trennungsangst verfolgt. Das bestimmte auch ihr Verhältnis zum Ehepartner oder der Ehepartnerin. Zur Trennungsangst gesellte sich dann häufig auch Inzestangst, denn wenn der Partner unbewußt als Substitut der Eltern empfunden wurde, deutete das Unbewußte auch den Geschlechtsverkehr als inzestuös. Das zeigt sich heute besonders deutlich in der wahnhaften Angst vor jenem sexuellen Mißbrauch der Töchter durch die

Väter, der angeblich in jeder vierten Familie stattfindet. Als Resultat reagiert der Körper des Erwachsenen immer häufiger mit Impotenz oder Frigidität. Schließlich besitzt die Bevorzugung des einen Menschen vor allen anderen aber auch die Elemente des Fetischismus, denn jene Eigenschaften des anderen Menschen, die uns dazu bewegen, ihn allen anderen vorzuziehen, ruhen stets so tief im Unbewußten, daß sie oft auch Elemente frühkindlicher, fetischistischer Sinnesfreuden enthalten.

Was uns bereits beim ersten Kontakt mit dem geliebten Menschen berührt und in vergessenes Glück zurückversetzt, kann beispielsweise der Milchdrüsengeruch unserer Amme, das kitzelnde Haar des kleinen Mädchens von nebenan, die Hauttextur der Lieblingstante, der Tabakgeruch des Großvaters sein. Wir sind uns der Ursache dieser Faszination niemals bewußt. Denn gelänge es uns, hinter das Geheimnis dieser »Liebe auf den ersten Blick« zu kommen, so verlöre sie ihre Herrschaft über unsere Sinne. Wie alle Formen der Magie wirkt auch diese nur so lange, wie wir sie nicht durchschauen. Sie macht also »blind«. Sie macht uns nicht nur unfähig, die Schwächen des geliebten Menschen zu erkennen, sondern unterbindet auch jede bewußte und rationale Erkenntnis der Gründe, weshalb wir den anderen lieben: »Kannst du *erklären*, weshalb du mich liebst, dann liebst du mich nicht!« (George Sand an Chopin.) Wie George Sand machen dic meisten Verliebten sich vor, sie liebten den anderen wegen seiner seelischen Vorzüge; ihr sexuelles Begehren sei nebensächlich. In Wahrheit aber ist es stets unser sexuelles Begehren, das den anderen mit seelischen Vorzügen ausstattet.

Am leichtesten läßt sich »Liebe« demnach als Ideologisierung der Sexualität definieren. Weshalb ideologisieren wir aber unsere Geschlechtlichkeit? Weshalb benötigt unser Geschlechtsleben überhaupt eine Ideologisierung? Weil wir eine Gattung sind, die Ewigkeit anstrebt. Deshalb ritualisieren wir auch unseren Tod. Die Tatsache, daß bereits unsere frühesten Vorfahren ihre Toten nicht einfach ins Meer kippten oder, wie die Parsen in Indien es heute noch tun, sie den Aasgeiern zum Fraß vorwerfen, sondern sie in komplizierter Weise bestatten, zeigt, daß wir ein ununterdrückbares Bedürfnis nach ritueller Stilisierung unseres Verhaltens besitzen. Also ritualisieren wir nicht nur den Tod, sondern auch jene Handlungen, die das Leben hervorrufen. Wir ideologisieren den Paarungsakt und die Gefühle, die ihn auslösen.

In keinen zwei Geschehnissen enthüllen die unterschiedlichen Gesellschaftsordnungen ihre geheimen Wünsche und Ängste so deutlich wie im Tod und in der Liebe. Nur ist es eben nicht *jede* Gesellschaftsordnung, die ihr Geschlechtsleben in der Form der »Liebe« ritualisiert. Offensichtlich gibt es enge Beziehungen zwischen bestimmten Phasen der Geschichte, bestimmten dort auftauchenden Gesellschaftsstrukturen und jener ideologischen Verbrämung des Geschlechtslebens, die wir in unserer Kultur Liebe nennen.

Unser Wissen um unsere Sterblichkeit erzeugt unweigerlich eine gewisse Melancholie. Viele von uns besitzen heute nahezu alles, was Menschen beim augenblicklichen Stand der Technik erwarten können. Und dennoch sind wir nicht glücklich. Wir fühlen uns leer, unausgefüllt, elend, ängstlich, unsicher. Wir schwanken zwischen Zorn über die Ungerechtigkeit der Welt und Gewissensbissen wegen der Ungerechtigkeiten, die wir selber begangen haben. Wir pendeln zwischen Scham und Schuldgefühl. Wir wissen nicht genau, weshalb wir uns schämen, weshalb wir uns schuldig fühlen. Wir empfinden nur ein vages, alles durchdringendes Unbehagen. Wir sagen uns: Es *muß* einen Ausweg geben. Es *muß* etwas geschehen, das uns aus diesem ganzen Elend herausholt. Eines Tages wird er kommen, der Mensch, der mich liebt, und dann wird alles anders werden.

Der Kampf gegen die Leere wird also mit der Waffe Hoffnung geführt. Was aber, wenn sich die Hoffnung nicht erfüllt? Dann muß das Alibi der falschen Partnerwahl herhalten: Es war nur die *falsche* Frau, es war nur der *falsche* Mann; die *Liebe* aber ist niemals falsch.

Wie hält man die Illusion der Liebe aufrecht? Indem man Enttäuschungen verzögert, indem man den Vollzug der Liebe aufschiebt: Man erfindet Hindernisse, die den Vollzug unmöglich machen. Ein solches Hindernis ist Julias Balkon. So wie Romeo die Liebe symbolisiert, symbolisiert der Balkon deren Geheimnis: das Hindernis. Wo kein Hindernis besteht, gibt es auch keine Liebe. Was der Liebende liebt, ist nicht die Geliebte, sondern das Hindernis, das der Erfüllung im Wege steht. Liebe ist Sehnsucht, denn mit der Erfüllung verfliegt sie. Deshalb muß der Liebende sterben, ehe die Leidenschaft in der Gewohnheit erstickt. Der Tod als Flucht vor der Realität ist das Geheimrezept der westlichen Liebe.

»Madam«, sagt Hemingway, »alle Geschichten, wenn man sie bis zum Ende erzählt, hören mit dem Tode auf. Wer Ihnen das vorenthält, ist kein guter Erzähler. Die Geschichte einer monogamen Liebe endet mit dem Tod des einen oder anderen Liebenden. Der Mann, der monogam ist, mag zwar glücklich leben, aber er stirbt einsam. Im Tode gibt es keinen einsameren als den, der viele Jahre mit einer guten Frau gelebt hat und sie überlebt. Wenn zwei Menschen einander wirklich lieben, kann es kein Happy-End geben.«

Hemingway vollzog im Selbstmord den Ritus, den seine Erkenntnis ihm vorgeschrieben hatte. Wie viele andere, die an die westliche Liebe glauben, haben den gleichen Mut zur gleichen Konsequenz? »Alle, die die Liebe erfahren haben, sind von ihr gezeichnet«, sagt er am Ende des 11. Kapitels von *Death in the Afternoon*. »Gezeichnet mit den Zeichen des Todes.« Und mit der todgeweihten Unschuld des Opfertieres tritt der Bürger in die Arena, in welcher der geliebte Mensch ihn töten wird. Selbst der dümmste, der häßlichste, der unliebsamste Bürger schließt der Wahrscheinlichkeit gegenüber beide Augen und trabt hoffnungsvoll in die Arena der Liebe, hoffend, daß ihm, der weder so schön ist wie ein Filmstar noch so weise wie ein Gelehrter, weder so reich wie ein Millionär noch so machtvoll wie ein Herrscher, die ideale Frau, der ideale Partner beschert sein werde. Dieses ideale Wesen wird all die Tugenden des guten Menschen mit all der Dämonie des Don Juan, der Eva, der Messalina verbinden. Es wird nie krank werden, nie arm sein, nie Launen zeigen, nie aus dem Mund riechen und nie sterben.

Wir alle wissen, daß es solche Wesen nicht gibt. Aber wir verschließen dem Wissen unsere Ohren und versuchen, in der Frau, mit der wir schlafen, unsere Julia – in dem Mann, mit dem wir schlafen, unseren Romeo – zu sehen. Für die meisten Bürger heutiger westlicher Industrienationen sind die Begriffe »Liebe« und »Sexualität« also nahezu austauschbar. Die anderen Bedeutungen des Wortes Liebe – beispielsweise Nächstenliebe, Elternliebe, Kindesliebe, Gottesliebe, Vaterlandsliebe – springen erst ins Bewußtsein des durchschnittlichen Staatsbürgers, wenn wir ihn daran erinnern, daß es diese Bedeutung ja *auch noch* gibt. Erinnern wir ihn *nicht* daran, denkt er – wie zahlreiche Umfragen ergeben – zuerst an die Funktion der Liebe als Paarungsregelung und Paarungsethik. Eine Geschichte der menschlichen Sexualität käme also zu ganz anderen Resultaten als eine Geschichte der menschlichen Liebe.

Die putzige Situation, daß eine Frau die Werbung eines Mannes ablehnt, weil er »nur« mit ihr schlafen will, ihn aber erhört, sobald er die magischen Worte »Ich liebe dich« intoniert, ist für Menschen aus manchen anderen Kulturen ein Beweis der Heuchelei und des Selbstbetrugs unserer Kultur. Erzählt man, wie ich es oft in »primitiven« Kulturen getan habe, den Mitgliedern eines »Naturvolks« unsere großen westlichen Liebesgeschichten, in denen zwei Menschen wie vom Schicksal manipulierte Marionetten in den Tod gehen, weil ihre gegenseitige Abhängigkeit größer ist als jede Verantwortung gegenüber Dritten, dann gibt es am Ende einer jeden solchen Geschichte eine lange Pause des verblüfften Nachdenkens und dann meist die verdutzte Frage: »But sir, why didn't he take *another* woman?« Oder: »Aber Herr Professor, bitte, wieso hat sie sich denn keinen *anderen* Mann geholt?« Die Verwirrung ist total, denn die Leute haben recht: Trotz größter Akribie ist es der Sexualwissenschaft nie gelungen, einen beweisbaren Grund zu finden, weshalb Frau A mit Herrn B unglücklicher sein sollte als mit Herrn C, für den sie in den Tod geht. Oder weshalb Herr X lieber für Frau Y stirbt, als mit Frau Z zu leben.

Was ich also in diesem Buch frage, ist, weshalb wir jenseits gegenseitiger sexueller Anziehung, gegenseitiger Achtung, gegenseitiger Hilfsbereitschaft und temperamenteller Affinität noch eine weitere Dimension suchen, nämlich die Liebe (was immer das sein mag). Ich stelle die Frage, weil die Liebe sich bei näherer Betrachtung (und im Gegensatz zu der herrschenden Meinung, daß man sich erst dann »verliebt«, wenn einem ein »liebenswerter« Mensch über den Weg läuft) als eine freischwebende Energie darstellt, die sich bereits in den ersten Lebenswochen am eigenen Körper festmacht (Selbstliebe, primärer Narzißmus), sich dann auf die Bezugsperson des Kindes erstreckt und sich schließlich im Erwachsenenalter an den Körper des auserwählten Sexualpartners klammert.

Aber wer wählt den Auserwählten aus? Nicht das Bewußtsein, nicht die Ratio des Subjekts, sondern sein auf Wiederholung einer einst erlebten Befriedigung bedachtes Unbewußtes. Und wiederum auch nicht dieses allein. Denn wenn wir uns eine triebhaft funktionierende, Spannungen erzeugende *Quelle* der Liebe und ein triebhaftes, Entspannung suchendes *Ziel* der Liebe vorstellen, dann ist das *Objekt* dieses Spannungs-Entspannungs-Prozesses keineswegs ein Mensch, den ich auswähle, sondern einer, der durch eine Art Konspiration zwischen meinem Unbewußten und den mir von der Gesellschaft zur Verfügung gestellten Partnern bestimmt wird.

Die Liebesbeziehungen des einzelnen ergeben sich dann weder ausschließlich aus seinen Bedürfnissen noch ausschließlich aus den zur Befriedigung der Bedürfnisse verfügbaren Menschen, sondern aus einer Kombination der beiden. Liebe – im Gegensatz zur Sexualität – ist nicht »triebhaft«, denn nicht jede Frau regt jeden (gleichaltrigen) Mann zur Paarung an – und nicht jeder Mann tut das bei jeder (etwa gleichaltrigen) Frau. Aber es schwingt doch ein Element der Triebhaftigkeit im fetischistischen Charakter der liebesbedingten Partnerwahl mit, und dieses Element hat eine konservierende, konservative, fortschrittsfeindliche Dimension, indem es nur auf diejenigen Reize anspricht, die es bereits in der Kindheit erlebt hat.

Zwar konserviert die Liebe die Gesellschaft, aber andererseits zerstört sie diese auch wieder durch ihren Anspruch, etwas Höheres zu sein – höher als die Selbstentfaltung des Staatsbürgers, höher als die Pflicht zum Widerstand gegen Tyrannei, höher als der Kampf gegen Ausbeutung und Korruption. Wenn ich meinem Liebesobjekt aber höhere Loyalität schulde als meiner Gesellschaft, wird Liebe zur Flucht aus der sozialen Verantwortung. Wenn die gegenseitige Zuneigung der Liebenden als wichtigste Tugend bewertet wird, sprengt sie das soziale Gebäude und löst die Paare als Minisozietäten aus dem Gefüge der Gesellschaft heraus. Dann dominieren die nominell von Liebe dominierten Institutionen »Ehe« und »Familie« den Staat, statt ihm zu dienen.

Andererseits stellen fast alle europäischen Verfassungen Ehe und Familie unter den besonderen Schutz des Staates – so auch Grundgesetz Art. 6 (1). Dadurch verwandeln sich die nominell auf Liebe aufgebauten Institutionen aber nicht nur in Schutzkinder des Staates, sondern auch in Instrumente des Staates zum Gefügigmachen des Staatsbürgers. Denn indem die liebenden Eltern ihr Kind zum Gehorsam gegenüber der elterlichen Autorität erziehen, erziehen sie es auch zum späteren Gehorsam gegenüber der Autorität des

Staates. Das liebende Paar ist also gleichzeitig die Agentur des Staates und die Agentur der Flucht aus dem Staat.

Indem der Staat die nominell auf Liebe beruhenden Institutionen Ehe und Familie unter seinen besonderen Schutz stellt, grenzt er die nicht auf Liebe beruhenden Sexualhandlungen aus dem Schutzraum des Staates aus und macht sie zu Pariaphänomenen, zu verfemten Formen des Geschlechtsverkehrs. Unter dem Vorwand, ihr besonderen Schutz zu gewähren, benutzt der Staat die Liebe also als Knute gegen die *nicht* partnerfixierten, *nicht* »staatstragenden« Formen der Erotik und Sexualität. Jene heitere, lebensfrohe, von Tragik unbeschattete, spielerische Form des Geschlechtsverkehrs, die sich zumindest als diskussionswürdige Alternative zur Liebe anbietet, wird ebenso ins Abseits gedrängt wie die zahllosen Varianten prägenitaler, nichtkoitaler und nichtheterosexueller Beziehungen, die das Establishment gefährden. Indem die Liebe zum Objekt sozialer Normierung wird, normiert sie also ihrerseits alle nicht von Liebe geprägten Formen zwischenmenschlichen Handelns, Fühlens und Denkens.

Das hat gute sozialgeschichtliche Gründe. Es hat etwas mit der Unterdrückung der Sexualität in den Gründerjahren der bürgerlichen Gesellschaft zu tun. Sie hatte den Zweck, die Arbeiter zur freiwilligen Unterordnung zu bewegen: zu Disziplin, Pünktlichkeit, Fleiß und all jenen anderen bürgerlichen Geboten, die sowohl den Bauern wie auch den Fürsten des Mittelalters völlig unbekannt waren. Fabrikarbeit, das Produktionssystem des bürgerlichen Zeitalters, ließ sich ohne Pünktlichkeit, Fleiß und Disziplin nicht durchführen. Gehorsam mit Waffengewalt zu erzwingen, wie es die Feudalherren mit ihren Bauern und Lehnsleuten getan hatten, schien dem Bürgertum zwar als letzter Ausweg legitim, aber eigentlich doch altmodisch und ineffizient. Denn die Arbeiter sollten das Gefühl haben, daß Fleiß, Pünktlichkeit, Disziplin und Gehorsam keine Zwänge, sondern Tugenden wären.

Zu diesem Zweck mußte Freizügigkeit aller Art, vor allem aber sexuelle Freiheit, als Untugend, als Sünde dargestellt werden. Der Puritanismus, der die sittliche Verantwortung aus den Händen der Kirche und ihrer Priester fortnahm und in die des einzelnen Gläubigen legte, war eine der beiden gesellschaftlichen Agenturen, die diesen Prozeß der Verinnerlichung gesellschaftlicher Gebote durchführten. Die andere war die Familie. Indem der Vater dem Kinde einprägte, Gehorsam sei eine Tugend, erzog er das Kind dazu, allen gesellschaftlichen Institutionen zu gehorchen, die eine vaterähnliche Funktion ausübten, beispielsweise dem patriarchalen Unternehmertum. Ein solcher Gehorsam ließ sich auf die Dauer aber nur mit Hilfe eines permanent schlechten Gewissens durchdrücken. Nur wenn das zum Erwachsenen gereifte Kind sich immer wieder von neuem sagte, mangelnder Respekt für die Obrigkeit sei sündhaft, konnte der Respekt freiwillig gezollt werden. Und dieses schlechte Gewissen wurde auf dem Umwege über sexuelle Frustration in Bewegung gesetzt. Erst nachdem der einzelne unwiederbringliche Opfer an sexueller Befriedigung gebracht hatte, erst als seine Entsagung wirklich zu schmerzen begann, war sein Wunsch nach Freiheit und Befriedigung ein für alle Male zerstört. Denn wenn das Individuum die Selbsttäuschung durchschaut hätte, wäre der lebenslange Verzicht auf Glück, Freiheit und Befriedigung transparent geworden. Den Mut, sich selbst als lebenslang Genasführten zu erkennen, die eigene Dummheit einzugestehen und trotz aller bereits erbrachten Opfer nun doch noch den *anderen* Weg zu gehen – diesen Mut besaßen nur wenige Menschen.

Die Technik, dem Beherrschten freiwillige Zustimmung zum Beherrschtwerden abzuringen, hatte sich also bis vor kurzer Zeit vom Standpunkt der Herrscher vorzüglich bewährt. Sie begann erst dann zu versagen, als die wachsende Produktivität der Maschinen in sichtbaren Widerspruch zu den Geboten der Sparsamkeit und des Verzichts geriet. In einer Technologie des potentiellen Überflusses, in einer Ökonomie steigender Preise und schwindender Kaufkraft des Geldes mußten die bürgerlichen Tugenden, vor allem die der Sparsamkeit und des Verzichts, in Zweifel geraten.

Solange die Arbeitszeit zwölf Stunden oder mehr betragen hatte, beherrschten die Unternehmer ihre Lohnarbeiter nicht nur am Arbeitsplatz, sondern auch zu Hause: Kam der Arbeiter so müde von der Arbeit zurück, daß er nur noch schlafen wollte, so bestand keine Gefahr, daß er aufmucken könnte. Hatte er aber Freizeit zur Verfügung, so erwuchs die Gefahr, daß er sie nutzen würde, um sich zu organisieren. Damit war eine grundsätzlich neue Form der Kontrolle nötig geworden. Statt ihn weiterhin zum Verzicht auf Sexualbefriedigung zu veranlassen, war es nun ratsam geworden, zum

Gegenteil überzugehen und ihm ein Maximum an sexueller Zerstreuung anzubieten. Denn es hatte sich herausgestellt, daß es kein billigeres und wirksameres Mittel gibt, die Unterjochten von der Realität der Unterjochung abzulenken, als sexuelle Wünsche zu erwecken und die Befriedigung dieser Wünsche dann abwechselnd zu gewähren und zu verweigern. Mit diesem Thema befaßt sich das dritte Kapitel dieses Buches.

Wer die heutige Porno-Industrie studiert, wer die zahllosen Annoncen für Gruppensex, Partnertausch, sadistische, fetischistische und masochistische Varianten des Geschlechtsverkehrs in den großen Zeitungen liest, der kann sich kaum der Vermutung enthalten, daß die neue Devise der Machthaber unserer Gesellschaftsordnung heißt: »Sex ist das Opium des Volkes. Je mehr wir ihm von dieser preiswertesten aller Drogen einflößen, desto weniger politische und ökonomische Auseinandersetzungen brauchen wir zu befürchten.«

Da unsere Gesellschaft aber von inneren Widersprüchen zerrissen ist, darf es uns auch nicht überraschen, wenn wir gleichzeitig mit dieser neuen, liberalen Technik der Massenbeherrschung überall noch Überbleibsel der alten, sexualrepressiven Strategien finden. Diese Widersprüchlichkeit ist das Kennzeichen einer jeden Übergangsperiode von einer Herrschaftsstrategie zu einer anderen.

Wenn wir nun den Geschlechtsverkehr als Realität und die »Liebe« als dessen ideologisches Spiegelbild betrachten, dann stellt es sich heraus, daß die »Liebe« diese Vorgänge nicht nur spiegelt, sondern sie auch ihrerseits normiert – allerdings in einer anderen Weise, als es bei der Normierung der Sexualität der Fall ist. Während die Normierung der Sexualität meist eine von außen kommende ist, normiert die Liebe primär durch Verinnerlichung. Gleichzeitig wird die Liebe, genau wie die Sexualität, aber auch von außen her durch gesellschaftliche, rechtliche und andere Zwänge normiert. Sie ist also sowohl Subjekt wie Objekt des sozialen Normierungsprozesses.

Dieser Normierungsprozeß weist in letzter Zeit ganz erstaunliche Fluktuationen auf. Offenbar üben die immer schneller verlaufenden Prozesse der sozialen Veränderung immer schneller wechselnde Wirkungen auf das sexuelle Geschehen aus. Es handelt sich um die Verwandlung der Klassengesellschaft in eine pluralistische Gesellschaftsordnung, um die Verkleinbürgerlichung des Proletariats, um das krebsartige Wuchern einer neuen Mittelschicht ohne solidarische Bindung nach unten oder oben, um die Verwandlung des Privateigentums an den Produktionsmitteln in Aktienkapital, um die Administration des Kapitals und der Produktionsmittel durch eine neue Schicht von Managern und Börsenmaklern, um den Zerfall der letzten Reste von Großfamilien, um die Verbannung der älteren Verwandten in Altersheime und um die stufenweise Verkleinerung der Wohneinheiten vom ganzen Haus des mittelalterlichen Bürgertums und dem Dreigenerationenhof der bäuerlichen Großfamilie zum Einzimmerappartement für Singles. Diese Entwicklungen haben zu einer wachsenden Entfremdung zwischen Eltern und Kindern und einem daraus resultierenden Schwund der Liebesfähigkeit geführt.

Mein einstiger Hochschullehrer Harold Laski hat in den vierziger Jahren den Begriff der »pluralistischen Gesellschaft« entwickelt. Er meinte damit nicht den tatsächlichen Zusammenbruch der dualistischen »Klassengesellschaft«, sondern den Verfall der *Ideologie* sowohl des Bürgertums wie des Proletariats, also keinen Aufstieg in eine neue Staatsform, sondern den Verfall der alten, zwar dualistischen, aber doch zumindest dynamischen Klassengesellschaft. Mit dem Verlust einer klassenbewußten bürgerlichen Identität war das großbürgerliche Erziehungsideal des 18. und 19. Jahrhunderts verlorengegangen. Mit der Verkleinbürgerlichung des Proletariats waren aber auch die ersten Ansätze einer klassenbewußten proletarischen Erziehung verlorengegangen.

Sowohl im Bürgertum wie im Proletariat hatten die Eltern noch bis zum Ersten Weltkrieg geglaubt, daß man die Kinder nur mit Hilfe eines verbietenden, sexuell repressiven Erziehungsstils zu guten Menschen machen könne. Die Kinder litten unter dieser Erziehung, konnten sich dank der damals noch herrschenden Geschlossenheit des autoritären Weltbilds aber gar keine andere Form der Erziehung vorstellen. Zwischen ihren sexuellen Bedürfnissen und der Überzeugung, daß die Eltern doch irgendwie recht hätten, wenn sie die Befriedigung der Bedürfnisse verweigerten und bestraften, entstanden jene Spannungen, die zu den »klassischen« Neurosen führten.

Nehmen wir als Beispiel den Satz: »Wenn du nicht aufhörst, mit deinem kleinen Ding da herumzuspielen, wird dein Rückenmark weich, und du wirst wahnsinnig.« Glaubte der Sohn einem väterlichen Diktum dieser Art, dann konnte das zur Neurose führen. Denn der Konflikt zwischen den sexuellen Bedürfnissen und der Erkenntnis, daß die Bedürfnisse »schlecht« waren, wurde verdrängt und dadurch neurotisiert. Glaubte der Sohn dem Vater *nicht*, dann konnte er seine sexuellen Bedürfnisse zwar befriedigen, geriet aber in Konflikt mit der durch den Vater verkörperten Gesellschaftsordnung. Das war schmerzhaft und erforderte große Reserven an Selbstsicherheit. Zwar konnte der Vater ihn strafen. Er konnte ihn schlagen. Er konnte ihn tagelang auf Wasser und Brot setzen. Aber das erhöhte nur den Trotz des rebellischen Kindes und stärkte sein Ich. Es erzeugte keine Neurose. Identifizierte das Kind sich aber mit den Geboten des Vaters, dann war die Neurose vorprogrammiert. Sie war einer der hohen Preise, die der Kapitalismus der Gründerjahre für seinen Triumph zahlte.

Manche der liberalen bürgerlichen Pädagogen hatten in den dreißiger Jahren unseres Jahrhunderts gehofft, daß die Liberalisierung des patriarchalen Kapitalismus einen Abbau der Neurosen mit sich bringen würde. Auch die linken Psychoanalytiker (unter ihnen Otto Groß, Otto Fenichel, der junge Erich Fromm und der junge Wilhelm Reich) hatten erwartet, daß die autoritätsbedingten Neurosen mit dem Verfall des autoritären Kapitalismus verschwinden würden. In begrenztem Maß ist das ja auch geschehen. Was nicht vorauszusehen war, ist, daß die neue, die pluralistische Gesellschaft neue, pluralistische Neurosen erzeugen würde. Ebenfalls nicht vorauszusehen war: Der Abbau der bürgerlichen Autorität würde einen Abbau des Ödipuskomplexes und eine Verschiebung der Entstehungszeit aller pluralistischen Neurosen auf die präödipale Entwicklungsphase des Kindes mit sich bringen.

Was ist der Ödipuskomplex? Was verstehen wir unter »präödipal«? Ödipus tötete seinen Vater und heiratete seine Mutter. Auch jeder kleine Junge möchte seine Mutter ganz für sich haben. Sie ist die Ur-Geliebte. Alle späteren Geliebten sind nur unscharfe Abbilder dieser ersten. Jedes kleine Mädchen möchte seinen Vater für sich allein haben. Er ist der Ur-Geliebte. Wie die Mutter die Rivalin um die Gunst des Vaters ist, so ist der Vater der Rivale des Knaben um die Gunst der Mutter. Das ist der Ödipuskomplex.

Da die spätere Partnerwahl und ein großer Teil des späteren Geschlechtslebens auf den in diesem Lebensalter geprägten Affekten beruhen, nennt man jene sexuellen Abweichungen, die aus der Entwicklungsphase *vor* dem Ödipuskomplex entstanden sind, »präödipal«. Der Haß des Knaben auf den Vater als Rivalen um die Gunst der Mutter kann lebenslang und mörderisch sein. Ebenso der Haß des Mädchens auf die Mutter als Rivalin um die Gunst des Vaters. Fast alle großen Romane und Dramen der Jahrhundertwende befassen sich offen oder verschlüsselt mit den Folgen dieser Haßliebe.

In den Jahren seit dem Zweiten Weltkrieg hat nun aber nicht nur die ödipale Liebe, sondern auch der ödipale Haß stark abgenommen, da die Beziehungen zwischen Eltern und Kindern lockerer, weniger leidenschaftlich und weniger verbindlich geworden sind. Das hat drei Gründe:

Erstens ist ein großer Teil der elterlichen Kraft, die in der Zeit zwischen den beiden Weltkriegen in die Erziehung und Betreuung der Kinder geflossen war, in der Zeit danach von anderen Aufgaben, vor allem von dem Wiederaufbau der Städte, der Industrie und der Verwaltung, abgeschöpft worden. Die Kinder waren häufiger allein und erhielten weniger elterliche Zuwendung.

Zweitens hat der Zusammenbruch des als ewig propagierten »Dritten« Reichs einen Zusammenbruch der einst als unteilbar empfundenen Psyche bewirkt. Etwas ähnliches fand bei den Siegermächten statt, als sie entdeckten, daß »the war to end all wars« keineswegs den Frieden gebracht hatte, den sie ihren Völkern versprochen hatten.

Drittens ist statt der von den Pädagogen erhofften Verbesserung der Verhältnisse zwischen den Generationen etwas ganz anderes geschehen: ein wachsendes Desinteresse der Kinder an ihren Eltern und eine wachsende Gleichgültigkeit der Eltern gegenüber ihren Kindern. Das hat schwerwiegende Folgen im Geschlechtsleben gehabt. Denn der Ödipuskomplex übt sinnvolle Funktionen aus. Er stärkt die Libido und erzeugt lebenswichtige sexuelle Bedürfnisse. Er bereitet das Kind auf die Tatsache vor, daß der zukünftige Partner/die zukünftige Partnerin unvermeidbare Schwächen haben wird: Wenn der Sohn sich zwischen dem dritten und fünften Lebensjahr in die Mutter verliebte, dann konnte ihm kaum verborgen bleiben, daß sie ein fehlbares menschliches Wesen war. Sie war nicht immer da, wenn er sie da haben wollte. Sie war manchmal verstimmt. Sie war manchmal krank. Sie wollte nicht immer mit ihm spielen. Sie zog andere Menschen, z. B. den Vater, ihm vor. Sie roch nicht immer gut. Sie wurde manchmal wütend. Also wurde der ödipal sozialisierte Sohn unbewußt darauf vorbereitet, daß die Geliebte, die eines Tages an die Stelle der Mutter treten würde, auch fehlbar und nicht perfekt sein werde.

Gehen die Eltern, wie das heute üblich ist, aber der ganzen ödipalen Krise aus dem Wege, indem sie gar nicht erst erlauben, daß der Sohn jemals seiner Mutter affektiv nahe genug kommt, um sich in sie zu verlieben, dann vermeiden sie nicht nur das Risiko der Eifersucht auf den Vater, sondern verhindern gleichzeitig das Entstehen leidenschaftlicher Liebe und das Gewahrwerden der unvermeidlichen Schwächen der späteren Partnerin.

Resultat: Die heutigen Söhne, die ihre sexuelle Sozialisation nicht auf dem Weg über leidenschaftliche Auseinandersetzungen mit den Eltern, sondern anhand ferner, nie persönlich gekannter Onaniervorlagen erleben (Filmschauspielerinnen, Pop-Sängerinnen, Aktmodelle, Nacktfotos, Sex-Cartoons und Porno-Videos), sind überhaupt nicht auf die *Wechselseitigkeit* einer sexuellen Beziehung vorbereitet und reagieren mit Depression, wenn die erste *lebende* Sexualpartnerin normale menschliche Schwächen aufweist, nicht so schön ist wie die mit Leukoplast verschönten Nackedeis in »Penthouse«, »Playboy« oder »Lui«, aus dem Mund riecht, ihre Periode hat, eigene Ansichten verkündet, heute nicht *will* oder gar jemand *anderen* liebt. Nach dem xten verunglückten Versuch, die fantasierten Freuden der puberalen Masturbation mit einem lebenden Mädchen in die Tat umzusetzen, zieht sich eine stetig wachsende Anzahl junger Männer schmollend in lebenslange Selbstbefriedigung zurück.

Ähnlich die Mädchen der heutigen Generation: Da sie wegen der mangelnden ödipalen Bindung an den Vater niemals sexuelle Zuneigung zu ihm entwickelt und deshalb in ihm auch kein Vorbild eines künftigen Sexualpartners gesehen haben, sind sie überhaupt nicht auf die Fehlbarkeit, auf die unvermeidlichen Schwächen des ersten lebenden Partners vorbereitet.

Sie sind dem Vater aus dem Weg gegangen, genau wie er ihnen aus dem Weg gegangen ist. Dabei hat im heutigen Zeitalter der sexuellen Konterrevolution zweifellos auch die väterliche Angst mitgespielt, als inzestuöser Kinderverderber angeprangert zu werden. Denn kaum ein Vater kann heute normale zärtliche Beziehungen zu seiner Tochter anknüpfen, ohne befürchten zu müssen, daß sexualfeindliche Organisationen, die sich das Mäntelchen des Kinderschutzes umgehängt haben, ihn des sexuellen Mißbrauchs bezichtigen werden. Als Resultat kann kaum ein junges Mädchen heutzutage einem Jungen in die Augen blicken, ohne in ihm die Verkörperung des vergewaltigenden Patriarchats zu sehen. Damit sind Impotenz und Frigidität für eine ganze Generation vorprogrammiert.

Da die von den Helferorganisationen vorgeschlagene Prävention des Kindesmißbrauchs sich darauf beschränkt, den Müttern zu raten, ihre Töchter vor den Vätern als potentiellen Kindesvergewaltigern zu warnen, ist das unweigerliche Resultat die bleibende Angst der im Kindesalter »vorgewarnten« Mädchen nicht nur vor ihren Vätern, sondern vor *allen* Männern. Die vermeintliche Therapie erzeugt genau das, was sie angeblich verhindern will: lebenslange Traumatisierung. Nicht einmal das vielleicht unbewußt erhoffte Resultat dieser Prophylaxe tritt ein: die Umpolung heterosexueller in lesbische Sexualwünsche, denn die durch solche »Präventivtherapie« erzeugte Orgasmusunfähigkeit ist meist total. Sie beschränkt sich nicht nur auf Orgasmusstörungen im Verkehr mit Männern, sondern verhindert auch die Orgasmusfähigkeit im Verkehr mit Frauen.

Aus all diesen Elementen – der Entfremdung zwischen Eltern und Kindern, der narzißtischen Sozialisation und der präventiven »Verhinderung« des sexuellen Mißbrauchs – ergibt sich eines der am besten gehüteten Geheimnisse unseres »aufgeklärten« Zeitalters: daß zu einer Zeit, in der die Generation der Großeltern noch immer bei ihren Kindern und Kindeskindern ein Überhandnehmen von Promiskuität zu sehen glaubt, wahrscheinlich weniger koitiert wird als je zuvor in der menschlichen Geschichte. Statt dessen hat sich bei einem hohen Prozentsatz an Männern eine aktive Ablehnung von Frauen und bei Frauen die bereits erwähnte Ablehnung von Männern gebildet. Sie wird bei beiden Geschlechtern oft fälschlich für Homosexualität gehalten, ist aber kein Produkt des negativen Ödipuskomplexes mit seiner Zuneigung zum gleichgeschlechtlichen Elternteil, sondern ein präödipales Phänomen, ein Produkt der narzißtischen Phase mit ihrer Neigung zur Regression auf das eigene Geschlecht – auf das, was man *kennt* –, also eine Flucht vor den Problemen des Engagements mit dem anderen, dem fremden Geschlecht.

So stellt sich die bereits angedeutete Frage, ob eine präödipale Sozialisation jemals stabil sein kann. Wenn sich das Kind nicht an den Eltern, den Repräsentanten der Gesellschaftsordnung, sondern am eigenen, noch nicht stabilen, noch nicht in den Auseinandersetzungen mit den Repräsentanzen der Gesellschaft geformten Ich ausrichtet, kann es dann jemals reif, stabil und liebesfähig werden? Kann der Jugendliche, wenn er sich in seiner Kindheit nie in die fehlbare Mutter verliebt und sich nie mit dem fehlbaren Vater auseinandergesetzt hat, je fähig werden, eine fehlbare Frau zu lieben und sich mit einem fehlbaren Rivalen auseinanderzusetzen?

Die Gegenfrage lautet: Kann das Kind in einer zerfallenden Gesellschaftsordnung, in einer Zeit ohne einheitliches Weltbild, ohne verbindliche moralische Überzeugungen, ohne akzeptable Vorbilder, denn seine Eltern überhaupt noch als Bezugspersonen akzeptieren? Wird die Auseinandersetzung mit den Eltern nicht von vornherein gesellschaftlich unterbunden? Greifen die Formen des Kapitalverwertungsprozesses, wie Thomas Ziehe das nennt, nicht bereits so tief in den Familienbereich ein, daß die Eltern eher zu schemenhaften Verkörperungen des Tauschwertes als zu individuellen Persönlichkeiten werden? Kann der junge Mensch noch Charakterstärke entwickeln, wenn ihm die Fernsehwerbung jeden Abend suggeriert, er könne alles, was der Vater sich durch mühselige Arbeit erworben hat, jederzeit haben, ohne arbeiten zu müssen? Statt sich abzumühen, brauche er doch bloß bei der erstbesten Bank einen Kreditvertrag zu unterschreiben! Wie kann er stabil bleiben, wenn jeder achte Haushalt um ihn herum nicht einmal mehr die Zinsen seiner Schuldenlast zahlen kann? Hat die ganze Familie nicht längst begonnen, sich warenmäßig zu strukturieren? Hat sie nicht längst Pleite gemacht? Kann sie die Aufzucht von Kindern überhaupt noch bewältigen?

Der neue Vater terrorisiert zwar heute noch seine Frau, aber seinen Kindern gegenüber ist er unsicher geworden, weil er irgend etwas über »moderne« Erziehung gehört hat. Zwar hält er das alles für linkes Gefasel, aber er praktiziert doch einen unsicheren, in sich gebrochenen Erziehungsstil, der zwischen Anbrüllen, Schlagen und

»Kameradschaft« oszilliert – einen *pluralistischen* Erziehungsstil, der die angeblichen Tugenden unserer pluralistischen Gesellschaft widerspiegelt.

Die »neue« Mutter hat gehört, daß man Kinder nicht schlagen soll, aber sie erinnert sich auch daran, daß man die Kinder nicht verwöhnen darf, und entwickelt aus diesen widersprüchlichen Ansichten eine widersprüchliche Erziehungspraxis, die das Kind ebenso verunsichert, wie sie, die »neue« Mutter, von den mangelnden Erfolgen ihrer Emanzipationsbestrebungen verunsichert worden ist. Als Resultat mißlingt ihren Kindern die Symbiose mit der Mutter ebenso wie die Loslösung von ihr. Die ödipale Auseinandersetzung mit den Eltern wird unmöglich. Das Kind kann sich ebensowenig mit dem gleichgeschlechtlichen wie mit dem gegengeschlechtlichen Elternteil identifizieren. Es kann sich aber auch nicht mit den Eltern auseinandersetzen, weil sie so müde von der Arbeit nach Hause kommen, daß sie vor dem Fernsehapparat einschlafen.

Wieso aber sind die Eltern in einem Zeitalter schrumpfender Arbeitszeit so viel müder als ihre eigenen Eltern und Großeltern am Ende eines zwölf- oder sechzehnstündigen Arbeitstages? Weil sie keine Selbstachtung mehr haben. Weil der Versuch, die Realität nicht zu sehen, sich mit ihr *nicht* auseinanderzusetzen, anstrengender ist als selbst die blutigste Auseinandersetzung mit dem Arbeitgeber. Weil die Beherrschten ebenso vor der Auseinandersetzung mit ihren Herrschern zurückschrecken wie vor der mit ihren Kindern. Weil die pluralistische Gesellschaft die realen Klassengegensätze derart verschleiert, daß die meisten Menschen gar nicht mehr wissen, wieso sie sich so mies fühlen. Weil alle nur denkbaren politischen Alternativen derart kompromittiert worden sind, daß die Jugend ihre Wut und Enttäuschung nur noch in Drogen oder Krawallen ersticken kann.

Das ist das Resultat einer kindlichen Subjektbildung, die den Erziehungsstil der Eltern wiedergibt – brüchig, inkonsequent, unsicher. Da das Kind niemals stabile Beziehungen zu seinen Eltern aufgebaut hat, lernt es auch nicht, stabile Liebesbeziehungen aufzubauen. Da sein Ich brüchig ist, bleiben auch seine Bemühungen um die Liebe eines anderen Menschen brüchig. Die Apologeten der Postmoderne, des New Age und des Zeitgeistes versuchen, aus dieser Not eine Tugend zu machen, indem sie das fragmentierte Ich als das einzig Richtige für unsere fragmentarische Gesellschaft darstellen: »Das Zurückgehen zum klaren Ich wäre für mich ein Verbrechen am Fortschritt« (Gerd Gerken). Das »multiphrene« Ich, das »fluktuierende« Selbst, die Psyche als »patchwork« *, das Hirn als »Fleckerlteppich« – das sind die Devisen der herrschenden Gegenaufklärung.

Während die klassischen Neurosen Störungen eines herausgebildeten Ichs waren, zeichnen sich die nachklassischen, die pluralistischen Neurosen dadurch aus, daß das Ich sich gar nicht erst herausbildet und deshalb auch nicht gestört werden kann, sondern von Anfang an zu labil ist, um die Last zwischenmenschlicher Beziehungen zu tragen.

Die pluralistisch sozialisierten, die »postmodernen« Menschen wechseln ihre Persönlichkeiten wie ihre Zigaretten oder ihre Zahnpasta – je nachdem, was gerade »in« ist. Man kann ihnen auch nicht vorwerfen, sie spielten Theater oder machten ihren Mitmenschen etwas vor. Denn das würde bedeuten, sie besäßen ein »echtes« Ich, eine »wirkliche« Identität, die irgendwo unter der Maske verborgen läge. Aber die Maske ist keine Maske, und das Ich ist kein Ich, weil die früheren Objektbeziehungen, auf denen alle späteren ja unweigerlich beruhen, nicht etwa zusammengebrochen sind, sondern sich gar nicht erst entwickelt haben. Das Resultat sind »larvierte« Depressionen, »vegetative« Regulationsstörungen und andere unspezifische Symptome, denen wir inhaltlose Etiketten aufkleben, weil wir nicht wissen, was sie eigentlich sind, und weil wir sie deshalb auch nicht therapieren können.

Siehe zum Beispiel die angesehene Psychoanalytikerin Christa Rohde-Dachser, die allen Ernstes behauptet, die Mehrzahl aller heute auftauchenden Störungen entsprängen einer »Borderline-Persönlichkeitsstruktur«. Das Wort »Borderline«, das »Grenzlinie« bedeutet und die Grenze zwischen Neurosen und Psychosen beschreibt, sollte ursprünglich nur aussagen, daß die Störung sich weder eindeutig den Neurosen noch den Psychosen zuordnen läßt,

* Siehe hierzu kritisch auch das vorzügliche Buch von G. von Minden: *Der Bruchstücksmensch. Psychoanalyse des frühgestörten Menschen der technokratischen Gesellschaft.* Ernst Reinhardt Verlag, München und Basel 1988.

war also von Anfang an schon ein Unfähigkeitseingeständnis der Psychodiagnostiker. Seitdem es 1938 von A. Stern erfunden worden ist, ist es von R. Grinker, B. Werble, B. Dry, J. G. Gunderson, W. T. Carpenter, J. Strauss, R. L. Spitzer, J. Endicott und O. Kernberg in jeweils anderer Form definiert worden, so daß es heute jede eindeutige Klarheit verloren hat. Zu sagen, daß 70 Prozent aller Störungen Borderline-Fälle seien, bedeutet also, daß 70 Prozent aller Fälle nicht mehr definierbar sind. Wir können sie nicht therapieren, weil sie überhaupt nicht in der Person des Patienten, sondern im Verhalten seiner Eltern und Bezugspersonen begründet sind. Deren Verhalten ist ebenfalls keine subjektive Entgleisung, sondern der objektive Niederschlag der pluralistischen, der postmodernen Gesellschaft, in der nur die *Form* und nicht der *Inhalt* eine Rolle spielt. Wie die autoritäre, restriktive, leibfeindliche Erziehung der Gründerjahre unerhört schmerzliche, jedoch klar strukturierte Neurosen und Psychosen erzeugt hatte, erzeugt die pluralistische Gesellschaft pluralistische Neurosen, die sich weniger durch ihre Schmerzhaftigkeit als durch ihren Gefühlsmangel auszeichnen.

Die pluralistisch sozialisierten Menschen sind weniger sinnlich als selbst die abgestumpftesten Opfer des autoritären Zeitalters. Denn diese Opfer verzehrten sich zumindest einmal in ihrem Leben aus Sehnsucht nach dem Verbotenen. Die pluralistisch Sozialisierten verzehren sich dagegen in keiner Sehnsucht nach irgend jemandem oder irgend etwas, sondern beklagen sich nur wehmütig über ihr Schicksal als Opfer der Gesellschaft. Sie tun nichts, um die Gesellschaft zu verändern.

Die wenigen Mitglieder der pluralistisch sozialisierten Generation, die in den Parteien und Initiativgruppen, im Alternativnetz oder im Umweltschutz tätig sind, sind genau die, die *nicht* pluralistisch, sondern ödipal sozialisiert worden sind, die sich zwar nicht mit den Eltern *identifiziert*, aber sich doch eindeutig von ihnen *abgegrenzt*, sich mit ihnen *auseinandergesetzt* haben. Diese Fähigkeit zur Auseinandersetzung kann den Kindern nur von *stabilen* Eltern mitgegeben werden. Sie schlägt sich auch dann in den Kindern nieder, wenn die Kinder einen den Eltern oder Bezugspersonen total *widersprechenden* Kurs wählen. Denn das Kind kann nur dann ein stabiles Ich, einen Charakter, eine Persönlichkeit entwickeln, wenn seine Bezugspersonen ein stabiles Ich, einen Charakter, eine Persönlichkeit besitzen, mit der es sich identifizieren oder von der es sich distanzieren kann. Sind die Bezugspersonen aber bereits ihrerseits pluralistisch sozialisiert worden, dann findet die ödipale Auseinandersetzung gar nicht erst statt, denn dann fungieren die Bezugspersonen nur noch als Multiplikatoren des charakteristischen Narzißmus der postmodernen Gesellschaftsordnung.

Wenn die derart deformierten Menschen nach Liebe suchen, dann meinen sie damit jene Liebe, die der andere Mensch ihnen geben soll, niemals aber die Liebe, die sie dem anderen geben. Wenn sie von jener »Nähe« sprechen, die sie so gern hätten, dann meinen sie damit die temporäre Nähe der anderen, niemals aber die permanente und verläßliche Nähe, die Liebende einander schenken, um das Leben erträglich zu machen.

Resultat: Je vielgestaltiger und zerrissener, je fragmentarischer und »pluralistischer« die Gesellschaftsordnung sich darstellt, desto einsamer fühlen sich die Individuen: Das Zeitalter der Singles beginnt. Es begann bei den Kindern alleinerziehender Mütter und Väter. Denn als diese Kinder, die an keine auch nur halbwegs kompletten Familien gewöhnt waren, erwachsen wurden, empfanden sie kein Bedürfnis nach einem familienähnlichen Wohnmodus. Der Zerfall der alten, von der Groß- und Kleinfamilie geprägten Wohneinheiten wurde zum bestimmenden Faktor der Architekturgeschichte der siebziger und achtziger Jahre.

Selbst in den einstigen Mietskasernen des Proletariats hatte es noch ein gewisses Gemeinschaftsgefühl gegeben, eine von Armut erzwungene Solidarität, die in den heutigen Betonsärgen am Stadtrand (»sozialer Wohnungsbau«) verlorengegangen ist. Die architektonischen Marksteine des Zerfalls von Gemeinsinn und Solidarität kulminierten nun in den Wohnwaben der Singles. Im Gegensatz zu den Arbeitern des Bienenstaats kommunizieren diese Menschen aber nicht miteinander. Der Nachbar kann sterben, ohne daß irgend jemand, mit Ausnahme des Arbeitgebers, ihn vermißt, und der Arbeitgeber alarmiert auch niemanden, weil er daran gewöhnt ist, daß die Arbeitnehmer immer labiler werden, Drogen schlucken, sich Sekten anschließen oder mit dem letzten Geld nach Katmandu fliegen, um dort Erlösung zu finden.

Wenn man die neuen Einsiedler fragt, ob sie sich nicht einsam fühlen, antworten sie, daß sie ja keineswegs menschenfeindlich seien, sondern nur andere Wohnverhältnisse als die Verheirateten oder die in wilder Ehe Lebenden anstrebten. Meine Untersuchungen haben jedoch ergeben, daß ungewöhnlich viele von ihnen die Nähe anderer Menschen als störend oder bedrohlich empfinden und ihre Nähe überhaupt nur beim Geschlechtsverkehr ertragen können. Sobald sexuelle Befriedigung erzielt worden ist, wollen sie wieder allein sein.

Nun ist es zwar längst bekannt, daß die meisten Menschen in der westlichen Welt – besonders solche, die auf Ordnung und Pünktlichkeit erpicht sind – an Ängsten vor unfreiwilligen Körperkontakten leiden. Wenn ihnen andere Menschen im Fahrstuhl zu nahe kommen, empfinden sie das als Belästigung, als Invasion in ihren Intimbereich. Diese Angst ist in protestantischen Ländern sehr viel stärker und häufiger als in katholischen. Wenn wir den Katholizismus als Religion des Feudalismus und den Protestantismus als die des bürgerlichen Zeitalters auffassen, wird uns die Angst des Bürgers vor dem Fleischlichen erklärlich. Seine Sehnsucht nach dem Abstrakten, nach dem Kapital und nicht nach dem, was man sich an sinnlichen Genüssen dafür kaufen kann, ist zwar im Spätkapitalismus weniger prononciert geworden, tritt aber noch immer viel deutlicher im Norden als im Süden und Westen zutage. Nicht nur sind Singles sehr viel häufiger in Schweden, Deutschland und Dänemark anzutreffen als in Italien, Griechenland oder Spanien, sondern es gibt im Norden auch viel bessere Wohnmöglichkeiten für sie.

Das mag natürlich auch an dem höheren Einkommen in protestantischen Ländern liegen, aber es hat auch etwas mit dem nationalen Temperament zu tun. Italiener, Spanier und Griechen sind viel weniger empfindlich für Geräusche und Gerüche. Auch das hat zweifellos etwas mit Armut und Reichtum zu tun. Aber es entspringt auch einer viel sinnlicheren Lebensauffassung und einer viel geringeren Angst vor dem Körperlichen. Die Bereitschaft, Sexualität als solche zu genießen, ohne sie erst als »Liebe« ideologisieren zu müssen, ist größer. Ich möchte hier (sozusagen in Klammern) auch darauf hinweisen, daß die fortschreitende Entwicklung der Telekommunikation uns die Illusion vermittelt, wir wären einander schon recht nahe, wenn wir einander nur hören oder sehen können. Dadurch wird der Stellenwert der sexuellen Formen der Kommunikation – Berühren, Riechen, Schmecken – auf der Wertskala der fünf

Sinne zurückgestuft und die Erwartung auf sexuelle Befriedigung halbiert.

In den vielen Jahren meiner Tätigkeit als Briefkastenonkel großer Zeitschriften und Zeitungen ist mir immer wieder aufgefallen, wie viele Leser sich über die Koitalgeräusche der Nachbarn beschwert haben. In den hastig und billig errichteten Wohnbaracken unserer Tage fühlen sich offenbar erstaunlich viele Leute beim Geschlechtsverkehr durch erzwungene Unterdrückung der eigenen Lustlaute frustriert und durch die »Rücksichtslosigkeit« der Nachbarn, die diese Unterdrückung nicht praktizieren, belästigt. Die befreienden Schreie, die jeder gesunde Mensch beim Orgasmus ausstößt und die ein unabdingbarer Teil der Befriedigung sind, werden ebenso verhindert wie die ganze Klanglandschaft des Vorspiels. Nur jene wenigen Menschen, die das Glück haben, nach Jahren des nächtlichen Frusts in der Mietkaserne sich endlich ein alleinstehendes, weit vom nächsten Gehöft liegendes Haus leisten zu können, werden sich bewußt, was sie bis dahin vermißt haben und wie sich das ganze Lebensgefühl positiv verändert, wenn man sich im Bett keinen Zwang mehr aufzuerlegen braucht.

Im Süden ist nicht nur die Toleranz für das Sexualverhalten der Nachbarn größer als bei uns, sondern auch die Bereitschaft, Körperkontakte als Zeichen des Wohlbefindens, der Freundschaft, des Vertrauens und der Zusammengehörigkeit zu setzen und nicht als Zeichen sexueller Begierde mißzuverstehen. Männer gehen Hand in Hand, ohne schwul zu sein. Frauen umarmen und küssen einander, ohne lesbisch zu sein. Gleichzeitig aber wird der Geschlechtsverkehr in solchen Kulturen nicht als etwas so Bedeutsames empfunden wie bei uns. Das hat seinen Grund darin, daß Leidenschaften intensiviert werden, wenn sie zuerst einmal Widerstände überwinden müssen. Je härter man gegen seine sexualrepressive Kultur zu kämpfen hat, desto größer wird der Genuß der Sexualität. Alles, was selten ist und hart erkämpft wird, scheint uns wertvoller als das jederzeit Käufliche. Wo der Geschlechtsverkehr erlaubt ist und gesellschaftlich gefördert wird, verliert er seine Einzigartigkeit.

Vielleicht verdankt das Leben als Single einen Teil seiner Popularität deshalb auch der Tatsache, daß man den Sexualpartner nicht dauernd um sich hat und ihn in all den nichtsexuellen Facetten seines

Lebens auch nicht zu erleben braucht. Wer den anderen Menschen nur als Geliebten oder Geliebte kennt und von ihm als Haustyrann oder von ihr als Putzteufel verschont bleibt, hat es leichter, in ihn das Bild des perfekten Liebhabers oder der leidenschaftlichen Geliebten hineinzuprojizieren.

Andererseits birgt das Alleinleben auch gewisse Gefahren. Singles essen unregelmäßiger als Menschen, die in Paaren oder Familien leben. Sie ernähren sich in höherem Maß von Konserven, Tütensuppen und Tiefkühlkost. Sie erhalten weniger Vitamine aus frischem Gemüse. Sie rauchen und trinken mehr. Sie werden, wenn sie erkranken, weniger und schlechter gepflegt. Vor allem aber sind ihre sexuellen Beziehungen, statt befriedigender als die der Verheirateten, eher anstrengender. Denn an die Stelle der verhaßten Anpassungszwänge, der befürchteten Bindungen, der ehelichen Monotonie tritt die Notwendigkeit der täglichen Bestandsaufnahme des sexuellen Ist-Zustandes – das tägliche Dilemma zwischen Akzeptanz der negativen Eigenschaften des Partners und der Versuchung, alles hinzuschmeißen und sich zu trennen.

Denn der eheliche Imperativ, die Angst vor den ruinösen Kosten einer Scheidung, macht das Leben paradoxerweise sehr viel leichter als die Freiheit der Entscheidung im Leben der Singles. Wieviel einfacher war das Leben der Urgroßeltern, die nie darüber nachzudenken hatten, ob sie heiraten oder nicht heiraten sollten, sondern einfach heirateten, wenn sie ein bestimmtes Lebensalter erreicht hatten. Die Aufgaben von Mann und Frau waren festgelegt und von keinem emanzipatorischen Zweifel getrübt. Die Rechte und Pflichten beider Partner waren geregelt. Solange man sie nicht verletzte, war man des Schutzes der Gemeinschaft sicher.

An die Stelle dieses zwar die individuelle Entfaltung bremsenden, aber Ruhe verleihenden Zustands ist nun die tägliche, zermürbende Auseinandersetzung mit nahezu jedem Aspekt einer nicht mehr geregelten, sich stetig verändernden Gesellschaft getreten. Dazu gehört auch der Geschlechtsverkehr. Jede Einzelheit des erotischen Vorgehens muß nun, im Zeitalter der »political correctness«, zwischen den Partnern ausgehandelt werden. Nicht nur muß der Mann in jeder Sekunde des Liebeslebens darüber nachdenken, was er tun oder nicht tun darf, um die emanzipierte Frau nicht zu kränken, sondern auch die Frau muß in jeder Sekunde ihres heterosexuellen Lebens darüber nachdenken, was die anderen Frauen von ihr denken würden, wenn sie den Wünschen der Männer allzu widerstandslos nachgibt.

Das Resultat sind Beziehungen, die immer gespannter und immer kürzer werden. An die Stelle des höchsten Ideals der westlichen Liebe, der lebenslangen Leidenschaft zu einem bestimmten Menschen, tritt nun die »Lebensabschnittspartnerschaft«. Wenn die Partner dieser kurzfristigen Bindungen überhaupt Kinder zeugen, dann werden es Einzelkinder sein, die in Halbfamilien aufwachsen und eines Tages, wenn sie geschlechtsreif werden, andere Einzelkinder zu ihren Lebensabschnittspartnern wählen werden. Nach dem Tod ihrer mittlerweile getrennt lebenden Eltern wird ihnen kein einziger Verwandter bleiben, an den sie sich in einer Krise hilfesuchend wenden können. Das heißt: Die Kinder der Singles perpetuieren den Prozeß der Vereinsamung, indem sie die Bindungsunfähigkeit ihrer Eltern nicht nur erben, sondern sie in erhöhtem Maß an ihre eigenen Kinder weitergeben.

Weshalb wählen trotz all dieser Nachteile immer mehr junge Leute ein Leben als Single? Aus den gleichen Gründen, die immer mehr Landbewohner zum Umzug in die großen Städte bewegen. Es geht nicht nur um Geld, um Karriere, um den Sprung vom dumpfen Landleben ins interessante Stadtleben, sondern auch um Sexualität. Jeder, der einen Teil seines Lebens auf dem Lande und einen anderen in der Großstadt zugebracht hat, weiß aus eigener Erfahrung, wie beachtlich sich der Unterschied auf das Geschlechtsleben auswirkt. Erstens ist auf dem Lande die Anzahl der verfügbaren Alternativen bei der Partnersuche viel geringer als in der Stadt. Zweitens sind dem Ausleben geschlechtlicher Wünsche im Dorf allein schon deshalb ganz enge Grenzen gesetzt, weil jeder jeden kennt und das Privatleben eines jeden ein offenes Buch für alle anderen ist. Unter solchen Umständen gehört viel Mut dazu, ein unkonventionelles Geschlechtsleben zu führen.

In der Stadt dagegen kann man anonym sein. Die Stadt enthemmt. Die Anonymisierung führt aber auch zu einer gewissen Entpersönlichung. Der heutige Trend beim Gruppensex und Partnertausch weist bereits auf eine solche Entpersönlichung hin, denn es gilt unter den Swingern ja bekanntlich als schlechtes Benehmen, allzuviel vom Privatleben des temporären Koitalpartners wissen zu wollen.

Deshalb ist es nicht erwünscht, den Verkehr auf mehr als ein einziges Treffen auszudehnen; wenn man sich jemals irgendwo auf der Welt begegnen sollte, sind Erkennungszeichen gefälligst zu unterlassen.

Trotzdem stehen all diese entfremdeten, entpersönlichten Menschen in einer unausweichlichen Gemeinschaft: der ökologischen. Der Wiener Zoologe Wolfgang Wieser hat berechnet, daß in einer total verstädterten Welt der Zukunft der Geschlechtsverkehr rationiert werden müsse, da sonst die Gefahr der Überhitzung des Planeten bestünde. Das mag als Witz gemeint sein, aber es hat einen ernsten Kern. Dieser Kern liegt in der Siedlungsdichte. Obgleich die Singles sich einbilden, sie seien geringeren Störungen ausgesetzt als die Familienmenschen, grenzen gerade die Single-Apartments meist sehr eng aneinander. Es fehlen ihnen die architektonischen Pufferzonen, die das Leben der mittelständischen Großfamilien in den Altbauten des vorigen Jahrhunderts schützten.

Wenn man bedenkt, daß einer der Hauptgründe der Nervosität und des Stresses, unter dem alle Großstädter leiden, das allzu enge Zusammengepferchtsein ist, dann entdeckt man bald, daß auch das Alleinleben dagegen keinen Schutz bietet, solange die Anzahl der Menschen, die ein Haus bewohnen, in Apartmenthäusern oft noch größer ist als in Häusern mit Drei-, Vier-, oder Fünf-Zimmer-Wohnungen. Jede Gattung entwickelt Verfallserscheinungen, sobald ihre Siedlungsdichte das gattungsspezifische Ausmaß überschreitet. Ich vermute, daß die gesunderhaltende Siedlungsdichte unserer Gattung in Häusern von nicht mehr als zwei Geschossen und in Abständen von nicht weniger als hundert Metern zwischen den Gebäuden liegt. Eine Fortpflanzungsquote, die diese Dichte übersteigt, ist auch dann lebensgefährdend, wenn die Ernährung das Überleben gerade noch gestattet.

Andererseits vermute ich auch, daß innerhalb einer jeden Behausung eine gewisse Anzahl von Bewohnern nötig ist, um gegenseitige Hilfeleistungen zu ermöglichen, die erforderliche Nestwärme zu erzeugen und den aufwachsenden Kindern die notwendige Anzahl von wählbaren Vorbildern zur Verfügung zu stellen. Im Single-Haushalt ist das ebenso unmöglich wie in der Kleinfamilie.

Die Anzahl der Singles wächst drastisch. Das ist Teil der allgemeinen Verstädterung in den Industrieländern. Vor Ende unseres Jahrhunderts werden rund 90 Prozent der gesamten deutschen Bevölkerung in Städten leben. Die meisten Einwohner werden Singles sein. Extrapolieren wir die Vermehrung der Singles, dann gibt es zu Beginn des dritten Jahrtausends keine Familien mehr. Diese Entwicklung stützt sich vor allem auf die Erfahrungen mit der wachsenden Berufstätigkeit der Frauen und der Machtübernahme durch die einst als schwaches Geschlecht beschriebene Mehrheit. Weitaus schneller als der Anteil der männlichen steigt deshalb gegenwärtig auch der Anteil der weiblichen Singles. Sobald eine berufstätige Frau heute das 35. Lebensjahr erreicht, hat sie nur noch eine zehnprozentige Chance, jemals zu heiraten. Vielleicht will sie aber auch gar nicht heiraten, denn das Leben als Single ist ja in den meisten Fällen das Resultat freier Wahl. Und diese Wahl beruht bei heutigen Frauen auf der berechtigten Ablehnung der Männer als Chauvis, Machos oder Vergewaltiger.

Für gleichgeschlechtlich liebende Frauen ist das kein Problem. Für Heterofrauen dagegen verursacht es einen ständigen Konflikt zwischen dem Wunsch nach sexueller Befriedigung und der Ablehnung von Männern als Personifizierungen des Patriarchats, eines frauenfeindlichen Gesellschaftssystems. Wie das ökologische, so ist auch dieses Problem ein gesundheitsgefährdendes. Denn wenn es wahr ist, daß das freie Sich-gehen-Lassen, die totale Hingabe, für beide Partner unerläßlich ist, um einen befreienden Orgasmus erleben zu können, dann liegt in der Schwierigkeit der heterosexuellen Frau, sich einem als Macho empfundenen Mann hinzugeben, auch ein ernsthaftes gesundheitliches Risiko. Ohne diese orgastische Befreiung ist uns Menschen mehrheitlich jede erfolgreiche Berufstätigkeit, jede befriedigende politische Arbeit, jedes schöpferische Tun unmöglich. Nur ein erfülltes Geschlechtsleben erlaubt es den meisten von uns, das Elend des Daseins überhaupt zu ertragen.

Der Begriff der Emanzipation, der sich aus dem lateinischen *emancipatio* (Entlassung aus der väterlichen Gewalt) ableitet, war einst Träger befreiender, revolutionärer Strategien gegen die *patria potestas*, die Macht der Väter, und damit gegen das Patriarchat. Heute dagegen gilt das Wort »Emanzipation« eher als Synonym einer »inneren« als einer politischen Befreiung. In der Kampfliteratur der Frauenbewegung taucht so gut wie niemals mehr das konkrete Elend der ausgebeuteten Arbeiterfrau auf. Die Vorstellung eines bewaffneten Aufstands der unterdrückten Proletarierinnen gegen den ausbeuterischen Kapitalismus klingt in den Ohren heutiger Frauen sowohl naiv wie anachronistisch. Wir hören sehr viel mehr über das sexuelle Elend der Universitätsprofessorin als über die materiellen Lebensumstände der arbeitslosen Proletarierfrau. Die Frauenbewegung ist ebenso verbürgerlicht wie die Arbeiterbewegung. Das Wort »Emanzipation« steht heute eher für den Ausbruch aus der Heterosexualität als für die Revolte gegen die patriarchale Marktwirtschaft. Es ist eher zum Synonym für Selbstbestimmung, Selbstentfaltung oder Selbstverwirklichung als zum Ausdruck für Freiheit oder Befreiung geworden.

Das Problem mit der Selbstverwirklichung ist nun aber, daß sie, wie die Fata Morgana, um so weiter in die Ferne rückt, je ungestümer man ihr nachläuft. Das ist einer der Hauptgründe der hohen Rate an Depressionen und Suiziden, die gerade in den fortschrittlichsten Schichten der gegenwärtigen westlichen Gesellschaft auftreten. Offensichtlich sind diese Verzweiflungsakte Folgen der so mühselig verdrängten Erkenntnis, daß uns die Entscheidung über unser Schicksal immer mehr entgleitet und daß alle Anstrengungen, die Gesellschaft zu verbessern, an scheinbar unsichtbaren, unverständlichen und unbeherrschbaren Kräften scheitern. Wie der Steinzeitmensch Opfer brachte, um die unsichtbaren, unverständlichen und unbeherrschbaren Kräfte der Natur zu beeinflussen, bringen wir heute in der Illusion, uns dadurch »emanzipieren« zu können, unfaßbare Opfer an Lebensfreude und Zufriedenheit. In unserer Jagd nach Selbstverwirklichung haben wir übersehen, daß sexuelle Befriedigung nur durch Befriedigung des anderen, des geliebten Menschen möglich ist. Wir können uns nur verwirklichen, indem wir unserem Liebespartner dazu verhelfen, sich zu verwirklichen. Das ist es, was der altmodische Begriff »Liebe« sowohl im Geschlechtsleben wie im Christentum meint.

Der Verlust unseres Gefühls der Verantwortung für den geliebten Menschen hat sich parallel zu dem bereits beschriebenen Verlust der Verantwortung für unsere Verwandten entwickelt. Das hat dazu geführt, daß die Staatsbürger sich zwar ständig darüber beschweren, die staatliche Alters-, Kranken- und Kinderversorgung sei mangelhaft, sich dabei aber überhaupt nicht mehr bewußt sind, daß sie *selbst* für die Versorgung ihrer Eltern und Kinder verantwortlich sind und diese Verantwortung nicht auf den Staat abschieben dürfen.

Der Staat hat darauf mit dem Gegenzug geantwortet, die Eltern moralisch für die Produktion optimaler Kinder verantwortlich zu machen und sie für Erbkrankheiten und endokrine Störungen ihrer Kinder zu pönalisieren. So, wie manche Ärzte schon seit längerer Zeit verlangt haben, daß Patienten, die »ungesund« leben (z. B. zuviel essen, trinken oder rauchen), erhöhte Beiträge an die Krankenversicherung zahlen oder einen erhöhten Kostenanteil an der ärztlichen Behandlung tragen sollen, macht sich heute in den herrschenden Schichten unserer Gesellschaft eine wachsende Neigung bemerkbar, die Eltern zu genetischen Voruntersuchungen und zur pränatalen Diagnostik ihrer Kinder zu bewegen. Statt die Erzeuger genetisch schädigender Substanzen juristisch und finanziell zur Rechenschaft zu ziehen, wird die Last der Verantwortung für genetische Schäden der Kinder auf die Eltern abgeschoben – mit dem schönen Argument: »Ihr habt doch euren Spaß beim Koitieren gehabt. Nun müßt ihr dafür auch euren Preis zahlen!«

Gleichzeitig relativieren Gentechnologie und Reproduktionsmedizin aber auch den Wert des Geschlechtsverkehrs. Von dem Augenblick an, in dem wir unsere Kinder *in vitro*, im Reagenzglas, herstellen können, beginnen wir in wachsendem Ausmaß uns überflüssig zu fühlen. Das ist das Thema des fünften Teils unseres Buches über »Eine endzeitliche Utopie«.

Das Unbehagen in der Kultur wächst. Viele Ärzte versuchen, dieses Unbehagen auf Aids zurückzuführen. Aber das läßt sich weder kausal noch historisch erhärten. Eine der ersten Reaktionen auf Aids war, daß die Partner aus Angst vor Ansteckung zur Monogamie zurückkehrten, Seitensprünge vermieden und unfreiwillige Treue praktizierten. Eine zweite Reaktion lag darin, daß sich die Individuen vom Koitus zurückzogen und zu nichtkoitalen Formen des Geschlechtsverkehrs Zuflucht nahmen – zur einsamen Selbstbefriedigung, der gemeinsamen Onanie, der gegenseitigen Masturbation und zu fetischistischen Praktiken. All das ist Teil des gesellschaftlichen Prozesses der Abwanderung breiter Volksschichten aus der einstigen Mehrheit der Heterosexuellen in die wachsende Anzahl der sexuellen Minderheiten.

Diese Fluchtbewegung, diese »sexuelle Völkerwanderung«, wie

der Psychoanalytiker Igor Caruso es genannt hat, geht auf drei Gründe zurück: *erstens* auf die von der Frauenbewegung eingeleitete Verschärfung des Geschlechterkampfes, die sich zuerst bei den Frauen und dann bei den Männern als Flucht aus der Heterosexualität in die Homosexualität ausgewirkt hat; *zweitens* auf die ökologisch verursachten Störungen der Libido und der Fertilität, die Tiere und Menschen in den Industriegesellschaften in fast identischer Weise geschädigt haben; *drittens* auf die bereits erwähnte Angst des Hygiene-Zeitalters vor der Nähe, vor Körperkontakt, Körpergeruch und Körperausscheidungen. Solche Kontakte lassen sich leichter vermeiden, wenn man nicht koitiert und in jene sadistischen, masochistischen und fetischistischen Praktiken ausweicht, die den Partner auf Distanz halten.

Da wir nun, dank der Reproduktionsmedizin und der Gentechnologie, für unsere Fortpflanzung sorgen können, ohne uns beim Koitus der qualvollen Körpernähe eines anderen Menschen aussetzen zu müssen, ist es keineswegs sicher, daß es morgen und übermorgen überhaupt noch menschlichen Geschlechtsverkehr geben wird. Wenn die einsamen Sexualpraktiken der letzten Dekade des zweiten Jahrtausends eines Tages auch noch das Siegel des Erlaubten und Erwünschten erhalten sollten (im Aids-Zeitalter durchaus denkbar), dann ist das nicht nur das Ende des Geschlechtsverkehrs, sondern auch das Ende der Liebe.

3.

Liebe als Wohlfahrt
Eine nahe Utopie

»Die elektronische Verdatung verhält sich zum Sachbearbeiter in der Amtsstube wie ein Atomreaktor zum heimischen Kohlenherd.«

WILHELM STEINMÜLLER
Professor für Rechtsinformatik

»Und ihm lächelnd das Glied anfeuchtend
wünschen sie ihm angenehme Ruh.
Und ihn mit Scheinwerfern beleuchtend
Hören sie ihm durch Drähte zu.«

BERTOLT BRECHT: Vom Mitmenschen

Ich habe im ersten Kapitel bereits darauf hingewiesen, daß der »Anschluß« der DDR an die BRD nicht nur »zusammenwachsen ließ, was zusammengehört«, sondern auch eine Art Stasifizierung der Bundesrepublik herbeigeführt hat. Einerseits sind die »neuen Bundesländer« von einer Art Wildwest-Kapitalismus überrannt worden, von der räuberischsten Form westlicher Selbstbereicherung, andererseits hat sich eine schleichende Invasion von Stasi-Methoden in die Verwaltungssysteme des Westens abgezeichnet. Daß die klügeren Köpfe der Stasi nicht in der DDR hängenbleiben, sondern mit der ihnen eigenen Umtriebigkeit in das Geschäftsleben, die Banken und die Verwaltungen des Westens eindringen würden, war zwar vorauszusehen, ist den westlichen Behörden aber erst mit reichlicher Verspätung bewußt geworden.

Es ist ja recht aufschlußreich, daß die Stasi zwar von ihren einstigen Opfern im Osten und auch von der westlichen Presse vehement kritisiert worden ist, daß von den bundesdeutschen Geheimdiensten, besonders vom Bundesverfassungsschutz, aber kein Wort der Kritik, sondern eher neidvolle Anerkennung der Effizienz der Bürgerüberwachung in der DDR zu hören war.

Das Prinzip der Bürgerüberwachung hat sich seit der Wiedervereinigung also in wachsendem Maße auch bei uns eingebürgert. Weshalb mich das stört, will ich mit den Worten eines kosmopolitischen Freundes illustrieren, der sein ganzes erwachsenes Leben in Ländern mit den unterschiedlichsten Regierungssystemen verbracht hat. Er hat mir einmal gebeichtet, er lebe lieber in einem Land, in dem die Verwaltung schlampig funktioniere und die Behörden bestechlich seien, als in einem, in dem alles so gut klappe wie das FBI in den USA, die GPU in der einstigen Sowjetunion oder die Stasi in der

Ex-DDR. Denn in den schlampigen Ländern müsse man sich zwar vor der Effizienz der Verbrecher fürchten, nicht aber vor der Effizienz der Polizei. Und da man gemeinhin die Polizei öfter benötige als die Verbrecher, sei ein Verbrecherstaat weniger zu fürchten als ein Polizeistaat. Das mag ein an Oscar Wilde erinnerndes Epigramm sein, aber es enthält mehr Wahrheit als Paradoxie.

Jede Bürokratie, auch die eines Wohlfahrtsstaates, tendiert nicht nur zur Selbstperpetuierung, sondern auch zur Machtübernahme. In der parlamentarischen Demokratie kommen und gehen die Parlamentarier, die Minister und selbst der Regierungschef. Die Beamten aber bleiben. Sie regieren das Land und bestimmen sein Schicksal. In jedem Wohlfahrtsstaat gibt es aber auch einige wenige Individuen, die lieber verhungern würden, als Wohlfahrt zu akzeptieren – manche aus Stolz, andere, weil sie jede Form der Bürokratie als Gängelei empfinden. Ich gehöre zu dieser letzten Gruppe, und vielleicht erklärt das meine Angst vor der nun folgenden Utopie.

Ich sehe die Gefahr vor allem in einer wachsenden Amalgamierung von Verwaltung und Medizin. Die staatliche Krankenversicherung hat uns daran gewöhnt, die Verantwortung für unsere Gesundheit in die Hände des Staates zu legen. Das erlaubt dem Staat nahezu unbegrenzte Eingriffe in unser Privatleben. Vorläufig sind Gesundheitsvorsorgeuntersuchungen und Gen-Tests weitgehend freiwillig, aber das wird nicht mehr lange so bleiben. Bereits 1967 hat der Chefarzt eines Kinderkrankenhauses in Detroit, Dr. Charles F. Whitten, eine genetische Durchforstung der gesamten Bevölkerung der Vereinigten Staaten vorgeschlagen, um die von den afrikanischen Sklaven eingeschleppte Sichelzellenkrankheit Drepanozytose auszumerzen. Dr. Whitten vermutete, daß die ethnischen Gruppen der USA sich derart vermischt hätten, daß auch durchaus »kaukasisch« aussehende Amerikaner dieses rezessive Gen mit sich tragen könnten. Der Gedanke einer totalen Gen-Analyse einer ganzen Nation ist also keineswegs neu.

Auch bei uns gibt es jedes Jahr neue Vorschläge, die gesamte Bevölkerung auf Aids zu untersuchen und die Aidskranken in Seuchenstationen zu isolieren. In vielen zivilisierten Ländern ist ein Bluttest vor der Eheschließung erforderlich. In manchen Ländern sind Tuberkulosetests für Schlächter, Fleischer, Fischhändler, Lehrer und Kindergärtnerinnen obligatorisch. Niemand kommt auf den

Gedanken, daß dies ein Eingriff des Staates in das Privatleben des Staatsbürgers sei.

Die Tatsache, daß private Krankenversicherungen seit Jahren ein Bonussystem für gesundheitskonformes und ein Malussystem für gesundheitsschädigendes Verhalten anstreben (analog zum Versicherungsbonus für unfallfreies und Versicherungsmalus für unfallhäufiges Autofahren), zeigt, in welche Richtung unsere Gesellschaftsordnung sich bewegt. Wenn der Wohlfahrtsstaat auf dem Gebiet der Gesundheit nicht nur helfend, sondern auch strafend eingreift, ist das Zeitalter, in dem er ähnliches auf sexuellem Gebiet anstreben wird, nicht mehr fern.

Die ersten Anzeichen, daß er das bereits tut, zeigen sich bei der Geburtenregelung. Einerseits versuchen manche Wohlfahrtsstaaten mit steuerlichen und anderen Mitteln die Geburtenrate zu steigern, andererseits versuchen andere die Geburtenrate zu bremsen oder zumindest genetisch dubiosen Bevölkerungsschichten die Fortpflanzung zu verbieten. Bereits 1967 hat Lord Rothschild in dem damals noch von der Labour Party regierten Großbritannien verlangt, eine Genetik-Kommission zu ernennen, die darüber entscheiden möge, wer Nachwuchs in die Welt setzen dürfe und wer nicht. Staatliche Paarungsbegrenzung auf genetisch einwandfreie Staatsbürger, wie es eine wachsende Zahl von Eugenikern gefordert hat, darunter auch der Nobelpreisträger Herman J. Miller, haben sich bisher nicht durchgesetzt, werden aber im Zeitalter der »ethnischen Säuberung« ganzer Staaten immer wahrscheinlicher.

Obgleich ich bei jeder Gelegenheit wiederhole, daß Geschlechtsverkehr nicht gleich Fortpflanzung ist, muß ich doch noch einmal daran erinnern, daß die neuen Verhütungsmittel bisher nicht in der Lage gewesen sind, den Bevölkerungszuwachs, vor allem in den Entwicklungsländern und der »dritten« Welt, einzudämmen. In einem Zeitalter drohender Überbevölkerung wird deshalb jeder einigermaßen funktionierende Staat Mittel und Wege finden müssen, das Bevölkerungswachstum zu regulieren. Wie wir heute bereits die Herstellung von Giften und Sprengstoffen lizenzieren, werden wir in Zukunft ohne jeden Zweifel die Herstellung von Kindern lizenzieren müssen, denn es gibt ja kaum etwas Giftigeres und Explosiveres als Kinder, die zu Erwachsenen heranreifen und dann ihre Umwelt durch »zivilisierte« Aktivitäten unbewohnbar machen. Man wird sich also in Zukunft genauso bei den Behörden um eine Lizenz zum Zeugen und Gebären bemühen müssen, wie man sich heute um eine Lizenz zum Heiraten oder zur Scheidung bemüht.

Als Alternative könnte man sich vorstellen, daß durch Beimischung von Geburtshemmern in Trinkwasser oder Nahrungsmitteln, vielleicht aber auch durch Impfung im Kindesalter, eine lebenslange Unfruchtbarkeit erzeugt wird, die nur mit Hilfe gewisser Gegenmittel aufgehoben werden könnte. Will jemand ein Kind zeugen, so müßte er dann einen Antrag auf Auslieferung dieses Gegenmittels stellen, und wenn die verantwortliche Planstelle einen Platz für ein neues Lebewesen finden kann, erhält er dann seine Medikamente, die jeweils nur zur Zeugung eines einzelnen Kindes reichen.

Professor R. T. Francœur, ein damals sehr bekannter Embryologe, hat bereits vor Jahren darauf hingewiesen, daß zukünftige Staaten Geburtenbegrenzungsverträge miteinander abschließen würden, um gegenseitiges Überfluten der Grenzen durch allzu fruchtbare Flüchtlinge zu verhindern, und daß zukünftige Regierungen jede diplomatische Beziehung zu anderen Regierungen abbrechen würden, die nicht willens wären, solche Garantien zu geben. Francœur sagte auch voraus, daß man jeden Mann und jede Frau kurz vor Erlangung der Pubertät werde sterilisieren müssen, nachdem man ihm eine geringe Menge Sperma und ihr eine geringe Anzahl von Eiern abgenommen habe. Sollte Zeugung oder Befruchtung doch noch erforderlich sein, würde man einfach zur staatlichen Samenbank oder der örtlichen Eierbank gehen, sich die eigenen Samen oder Eier abholen, sie von der Befruchtungsklinik zusammenmischen lassen und das befruchtete Ei dann der Frau einsetzen oder in der künstlichen Gebärmutter ausbrüten lassen.

Aus diesen Beobachtungen habe ich das erste meiner drei Denkmodelle abgeleitet – ein Szenarium, das die latenten Möglichkeiten des Wohlfahrtsstaates über die Gegenwart hinaus in eine nahe Zukunft verlängert. Der »Wohlfahrtsstaat« ist ja bekanntlich nicht in Schweden und auch nicht unter einer sozialdemokratischen Regierung entstanden, sondern geht auf Bismarcks unternehmerischen Meistergedanken zurück, daß man die Sozialisten mattsetzen könne, indem man den Arbeitern von oben her einen kleinen Teil jener sozialen Sicherheit gibt, die sie zur Gänze von unten her erkämpfen wollten. Bismarck tat das, indem er die Arbeitgeber zwang, einen Teil ihrer Profite in ein staatliches Sozialnetz zu investieren. Daß die Arbeitnehmer aus ihren Löhnen und Gehältern einen proportional größeren Anteil als die Unternehmer aus ihrem Einkommen und ihren Profiten zu den Kosten des Sozialnetzes beizusteuern hatten, durfte den Arbeitern und Angestellten natürlich nicht bewußt werden. »Wohlfahrt« meinte also in erster Linie den unangefochtenen Wohlstand des Wohlhabenden und in zweiter Linie die Illusion der mittleren und unteren Schichten, daß es ihnen gutgehe.

Wenn der Wohlfahrtsstaat seine politischen Zwecke durch gezielten Abbau der sozialen Spannungen erreichte, dann war vorauszusehen, daß er früher oder später auch die sexuelle Wohlfahrt der Staatsbürger durch gezielten Abbau der sexuellen Spannungen anstreben würde. Ziel der sexuellen Wohlfahrt mußte es sein, dem Volk durch Vermittlung sexueller Freuden den Gedanken an Protest, an Demonstrationen, an Streik oder gar an den Sturz der Regierung aus dem Kopf zu treiben, andererseits aber auch durch gezielte Dosierung dieser Freuden, also durch erzwungene Frustration, Gehorsam zu erwirken.

Ein zweites Motiv der Besorgnis des Staates um die sexuelle Wohlfahrt seiner Bürgerinnen und Bürger war ein rein finanzielles. Es entsprang dem wachsenden Bewußtsein der Behörden, daß die Begleitumstände einer jeden Scheidung oder Trennung nicht nur den Beteiligten, sondern auch das Staatssäckel recht teuer zu stehen kommen. Geschiedene oder getrennt Lebende neigen zu Depressionen, psychischen und somatischen Störungen, Arbeits- und Verkehrsunfällen. All das kostet Geld. Verlorene Arbeitstage machen sich im Bruttosozialprodukt negativ bemerkbar. Der Staat hat also ein materielles Interesse daran, daß die sexuelle Befriedigung der Bürgerinnen und Bürger zu einer erhöhten Arbeitsleistung und einem gesicherten Zuwachs des Staatseinkommens führt. Er hat ein finanzielles Interesse daran, daß die sexuellen Beziehungen seiner Schäflein nicht scheitern – oder daß sie nur dann scheitern, wenn es ihm nützt.

Nun ist es in der Eheberatung und der Paartherapie aber auch eine Binsenweisheit, daß eheliche und andere sexuelle Beziehungen nicht etwa daran scheitern, daß der eine oder andere Partner »schuld« hat, sondern fast ausschließlich daran, daß die Partner von Anfang an nicht zueinander gepaßt haben. Jeder von ihnen wäre möglicherweise fähig gewesen, mit einem *anderen* Partner eine funktionierende Beziehung einzugehen, nur *miteinander* können sie nichts anfangen. Ist die Partnerwahl einmal mißglückt, ist jede Eheberatung, jede Paartherapie, für die Katz. Die professionellen Berater und Therapeuten geben das zwar niemals zu (denn das würde das ganze Therapie- und Beratungsgewerbe brotlos machen), aber jeder Fachmann und jede Fachfrau weiß, daß es so ist.

Da die Bürgerinnen und Bürger des gegenwärtigen Wohlfahrtsstaates weder im Elternhaus noch im schulischen Sexualunterricht gelernt haben, woran man jemanden erkennen kann, der zu einem paßt, erzeugt die ungeheure Anzahl falscher Partnerselektionen ein ganzes Heer von Scheidungsanwälten, Scheidungsrichtern, Schlichtern und Mediatoren. Was da an Rechtskosten, an Unterhaltszahlungen und Honoraren vergeudet, an Verarmung und Verzweiflung erzeugt, an Karrieren vernichtet und an Selbstmorden verursacht wird, ist unvorstellbar.

Seit den 60er Jahren unseres Jahrhunderts gibt es deshalb beflissene Bücher und Schriften, die dem Staat nahelegen, seinen Schäflein gefälligst beizubringen, wie sie eine »richtige« Partnerwahl treffen und eine »falsche« vermeiden können. Und seit den 70er Jahren melden sich sogar Stimmen, die den Behörden empfehlen, die Sache doch am einfachsten in die eigenen Hände zu nehmen. Früher oder später werden die Planer des Wohlfahrtsstaates also darauf kommen, ein System der staatlichen Partnervermittlung einzurichten.

Das wird möglicherweise mit dem Angebot des Staates an die gegenwärtig operierenden Eheinstitute beginnen, ihnen staatlich ermittelte Personaldaten zur Verfügung zu stellen. Da das aus Gründen des Datenschutzes nicht klappen wird, wird man die Institute früher oder später verstaatlichen. Anfangs wird die staatliche Vermittlung von Ehepartnern auf freiwilliger Basis erfolgen, später wird sie zur Bedingung der Eheschließung gemacht werden. Wer einen Ehegatten sucht, wird sich an die staatliche Vermittlungsanstalt zu wenden haben und wird von ihr die Namen und Adressen einer Anzahl kompatibler Partner oder Partnerinnen zugewiesen bekommen. Eine private Wahl des Ehepartners wird wegen des hohen Risikos einer falschen Entscheidung striktest verboten sein.

Da das gescheiterte Geschlechtsleben eines unverheirateten Bürgers den Staat fast so viel Geld kostet wie eine gescheiterte Ehe – man denke beispielsweise an die Kosten der Ermittlung, Fahndung, Aburteilung und Verwahrung eines durch Frustration oder Enttäuschung zum Vergewaltiger gewordenen Mannes –, wird der Staat seine Dienste sehr bald von der Vermittlung ehelicher auf die Vermittlung jeglicher Sexualpartner erweitern. In der Praxis wird das bedeuten, daß alle in staatlichen und privaten Dateien lagernden Personalinformationen auf eine zentrale Sexualdatenbank des Staates überspielt werden. Da das mit Wissen und Zustimmung der Staatsbürgerinnen und -bürger geschehen wird (es ist ja »gut« für sie), wird es keine Datenschutzprobleme geben.

Nirgends auf der Welt und auf keinem anderen Gebiet ist die Gefahr der totalen Steuerung aber größer als auf dem der geschlechtlichen Beziehungen. In der Fachliteratur über dieses Thema ist deshalb oft mit Erstaunen von westlichen Wissenschaftlern festgestellt worden, daß es nicht die totalitären Staaten waren, die zuerst an die Einführung solcher Methoden gedacht haben, sondern daß alle bedeutsamen »Fortschritte« auf diesem Gebiet im Westen gemacht worden sind, meist sogar in sozialdemokratisch regierten Ländern. Roland Huntford, ehemaliger Skandinavien-Korrespondent der angesehenen englischen Sonntagszeitung *The Observer*, hat bereits vor Jahrzehnten in seinem Buch *Wohlfahrtsdiktatur* behauptet, der schwedische Wohlfahrtsstaat sei eine Bürokratendiktatur, die dem Volk im Namen der Freiheit nahezu alle Freiheiten mit Ausnahme der sexuellen Libertinage genommen habe. Das Volk sei nur deshalb bereit, Einkommenssteuern von 40 Prozent und mehr zu zahlen, weil es als Gegenleistung die Erlaubnis erhalte, sich den »abartigsten und obskursten Perversionen« zu widmen.

In seiner Wahl Schwedens als Beleg für diese These stimme ich ganz und gar nicht mit Huntford überein. Im Gegenteil, mir scheint, daß Schweden und Dänemark noch immer die relativ zivilisiertesten Staaten der Erde sind. Aber die Grundgedanken Huntfords sind bestechend. Hat der Staat das Monopol der Partnervermittlung einmal in seine Hände gebracht, kann er Süchte wecken und Befriedigung gewähren oder verweigern. Indem er den Hahn auf- oder zudreht, macht er den Staatsbürger zu seinem Spielball, wie der Dealer den Heroinsüchtigen zu seinem Opfer macht. Der einmal sexuell süchtig gemachte Bürger ist dann zu jedem politischen Kompromiß bereit, nur um wieder in den Besitz seiner individuellen Sexdroge zu gelangen.

Da der Computer weitaus vorurteilsfreier als der Mensch entscheiden kann, wer zu wem »paßt«, wird dieses System nicht nur zur völligen Gleichstellung von Hetero- und Homosexuellen führen, sondern auch zum Ende der Tabuisierung aller anderen sexuellen Minderheiten. Genauso, wie es die Pflicht des zukünftigen Staates sein wird, einem auf blauäugige Frauen fixierten Mann oder einer auf rothaarige Männer ausgerichteten Frau den »richtigen« Partner/die »richtige« Partnerin zu vermitteln, wird der Computer für jede sadistisch inklinierte Frau einen willigen und aktiven Masochisten ermitteln, für jeden Pädophilen eine frühreife, auf Vaterfiguren fixierte Gerontophilin, für jede Exhibitionistin einen voyeuristisch ausgerichteten Partner, der ihre Spielchen mitmacht und Freude daran findet. Sexuelle Minderheiten haben vom Standpunkt des Staates den besonderen Vorteil, daß sie mit weit größerer Intensität als die Heteros auf Erfüllung ihrer sexuellen Bedürfnisse drängen und deshalb durch Entzug ihrer Befriedigung besonders leicht lenkbar sind.

Sollte es dem sexuellen Wohlfahrtsstaat gelingen, auch die aggressiveren Varianten des Sexualverhaltens, zum Beispiel Vergewaltigung oder Lustmord, in das System einander ergänzender Bedürfnisse zu integrieren, dann würde es sich kaum noch lohnen, moralische Vorwürfe zu erheben oder die Täter gerichtlich zu verfolgen. Denn als »Partner« dieser Täter wären von vornherein ja wohl die »Radikalmasochisten« oder die Lebensmüden vorgesehen. Sollte doch einmal etwas schieflaufen und eine normale, nichtmasochistische Frau vergewaltigt werden, dann wäre es nicht mehr nötig, sie mühselig in einem therapeutischen Frauenzentrum gesund zu pflegen oder den Männern Rache zu schwören, da jedes Opfer in diesem Musterstaat ja seine Funktion als lebendes Mahnmal im Sinne einer KZ-Gedenkstätte hätte und daraus seinen berechtigten Lustgewinn ziehen könnte. Das würde zwar eine gewisse Arbeitslosigkeit erzeugen, zum Beispiel unter Staatsanwälten, Richtern, Rechtsanwälten und Betreuern vergewaltigter Frauen oder mißbrauchter Kinder, aber es könnte auch eine gewisse Entspannung im gegenwärtigen Bürgerkrieg zwischen Frauen und Männern mit sich bringen.

Was anfangs wie eine fortschrittliche Sexualpolitik des Staates aussehen und sich tatsächlich als eine Form der Gesundheitsfürsorge verstehen mag, wird sich aber bald als gezielte Maßnahme herausstellen, um jedweden Versuch sozialer Veränderung im Keime zu ersticken. Dabei wird die Herstellung sexueller Hörigkeitsverhältnisse systematisch genutzt werden, um den Staatsbürger von jenen Institutionen abhängig zu machen, die ihm sexuelle Befriedigung geben oder nehmen können.

Die rechtlichen Grundlagen solcher staatlichen Eingriffe in das Geschlechtsleben des Staatsbürgers – die Präzedenzfälle, auf die sich die sexuellen Planwirtschaftler der Zukunft berufen werden – sind die heutigen Gesetze zur Scheidung und zur Geburtenregelung. In Deutschland sind das § 41 EheG (»Recht der Ehescheidung«) und § 218 StGB (»Abbruch der Schwangerschaft«). Denn wenn das Gesetz den Staatsbürgern und -bürgerinnen vorschreibt, ob und unter welchen Bedingungen sie sich scheiden lassen dürfen, dann wird es früher oder später auch festlegen müssen, ob und unter welchen Bedingungen sie heiraten dürfen. Und wenn der Staat sich anmaßt, den Staatsbürgern sagen zu können, ob und unter welchen Bedingungen sie Geburtenregelung betreiben dürfen, dann wird er ihnen früher oder später auch vorschreiben müssen, ob und unter welchen Umständen sie koitieren dürfen.

Wem der Gedanke fremd ist, daß ein Staat der Zukunft das tatsächlich tun wird, der möge sich den dreizehnten Abschnitt des heutigen bundesdeutschen Strafgesetzbuches (»Straftaten gegen die sexuelle Selbstbestimmung«) noch einmal durchlesen. Jedes der dort vorgelegten Gesetze, das nominell dem Schutz der sexuellen Selbstbestimmung des Staatsbürgers dienen soll, dient in Wahrheit dem Schutz des Staates vor der sexuellen Selbstbestimmung seiner Bürger. Ausgangspunkt meiner Überlegungen war also die Tatsache, daß viele, wenn nicht alle Gesetze des bürgerlichen Rechtsstaates weniger dem Schutz des Bürgers als dem des Staates dienen.

4.

Klassenlose Liebe Eine ferne Utopie

»Ich glaube, daß zu wenig über die früheren Stadien der biologischen Evolution gesagt worden ist. Wir haben nur von den letzten zehntausend Jahren als Richtschnur für die nächsten zehntausend gesprochen, aber es gibt sicher auch aus den vorangegangenen fünfhundert Millionen Jahren etwas für die Zukunft zu lernen.«

J. Z. YOUNG

»Wer in der Zukunft lesen will, muß in der Vergangenheit blättern.«

ANDRÉ MALRAUX

»Um in den Stand der Unschuld zurückzukehren, müssen wir noch einmal vom Baum der Erkenntnis essen.«

S. KIERKEGAARD

Unser zweites Modell, das in drastischem Widerspruch zu dem ersten steht, ist eine Utopie, die schon von den fortschrittlichsten Denkern der Antike als Alternative zum Sklavenstaat erdacht worden war: die »klassenlose« Gesellschaft. Bei Marx taucht sie als eine in die Zukunft gerückte Wiedergeburt des »Urkommunismus« auf. Diese Verknüpfung des Frühesten mit dem Spätesten ist auch für uns relevant, denn auch die Futurologie schließt stets von einem vergangenen Geschehen auf ein zukünftiges.

Sie tut das hauptsächlich mit Hilfe der sogenannten *Extrapolation*, der Ausdehnung einer mathematischen Relation über den Bereich hinaus, in dem sie ursprünglich gefunden wurde, und der *Stochastik*, der Wahrscheinlichkeitsmathematik, die uns erlaubt, statistische Werte der Gegenwart durch Verlängerung einer sogenannten *Zeitreihe* in die Zukunft zu projizieren. Solche Methoden stehen immer in einer festen Beziehung zu Erkenntnissen, die wir nicht nur aus der Gegenwart, sondern auch aus der Vergangenheit gewonnen haben: Je weiter die Erkenntnisse in die Vergangenheit zurückreichen und je breiter das Band der Erfahrungen ist, das sie erfassen, desto präziser die Prognose. Je jünger die Erkenntnisse und je enger das Spektrum der erfaßten Erfahrungen, desto unschärfer und weniger verläßlich wird die Voraussage.

Die meisten Fehler in den Prognosen der Zukunftswissenschaft ergeben sich aus der simplen Tatsache, daß die Kurven, die man aus der Gegenwart hinaus verlängern will, nicht tief genug in der Vergangenheit verankert werden können. Da wir keine Statistiken aus den Frühzeiten der Menschheit besitzen, ist die Fehlerquelle untilgbar. Aber man sollte trotzdem stets den Versuch machen, die Kurven so früh wie möglich anzulegen, denn wie ein Baum nun einmal um so weiter in den Himmel hineinragt, je tiefer sich seine Wurzeln ins Erdreich einbohren können, so reichen die extrapolierten Kurven der Futurologie um so weiter in die Zukunft hinein, je tiefer wir sie in die Vergangenheit zurückführen können. Präzise ausgedrückt bedeutet das: Wir können überhaupt keine verläßliche Zukunftsforschung betreiben, wenn wir sie nicht mit den frühesten Stadien der menschlichen Vorgeschichte in Verbindung bringen. Tun wir das nicht, dann verhalten wir uns wie ein Demoskop unserer Tage, der den Bevölkerungszuwachs der Menschheit seit der Altsteinzeit berechnen will und seiner Kalkulation die Zuwachsraten des Zeitalters der Antibabypille zugrunde legt.

Zweites Beispiel: Die amerikanischen Futurologen sind in fast allen ihren Berechnungen davon ausgegangen, daß zukünftige Gesellschaftsordnungen Eigentumsgesellschaften nach dem Muster der USA sein würden. Sie kamen zu diesem Resultat, weil sie ihre Extrapolationen in einem Zeitalter ansetzten, in dem die Produktionsmittel bereits in privater Hand lagen. Was in der Vergangenheit gewesen ist, muß also auch in der Zukunft sein. Setzten die Zukunftsforscher ihre Kurven aber in der Vorgeschichte an, so ergäben sich völlig andere Folgerungen. Denn damals gab es weder Privateigentum an den Produktionsmitteln noch Belohnung für Leistung, sondern nur einen gemeinsamen Einsatz aller für alle. Diese frühen Subsistenzgesellschaften verhielten sich wie Mütter. So wie die Mutter ihr Kind stillt, ohne sich den Kopf zu zerbrechen, ob es auch genug »geleistet« hat, um die Milch zu »verdienen«, so ernährte auch die vorgeschichtliche Gemeinde all ihre Mitglieder gleichmäßig, einerlei, wie viel oder wie wenig der einzelne an Nahrung heranzuschaffen vermochte.

Aus diesem Vergleich zwischen dem Verhalten der Mütter und den Rechtsverhältnissen in Subsistenzkulturen hat der schweizerische Rechtsgelehrte Johann Jakob Bachofen (1815–1887) den Begriff »Mutterrecht« abgeleitet und ihn dem des »Vaterrechts« gegenübergestellt, jenem Rechtsbegriff, der die Verpflichtung eines jeden, für alle anderen zu sorgen, durch den Vorschlag ersetzt hat, jeder solle nur so viel erhalten, wie er an Nahrung heranschaffen könne. Das war das »Leistungsprinzip«, das Kernstück der vaterrechtlichen Ordnung. Noch heute leiten die Väter ihr Recht, den Kindern zu sagen, was sie tun oder nicht tun sollen, von deren Leistungen ab: »Wenn du selber Geld verdienst, kannst du machen, was du willst. Aber solange du von *mir* abhängig bist, hast du zu gehorchen!«

Drittes Beispiel: Wenn wir versuchen, die Stabilität zukünftiger Familien zu errechnen, indem wir die Zahl der Eheschließungen, der ehelich und unehelich geborenen Kinder und der Scheidungen über einen Zeitraum von hundert Jahren als Kurve in ein Koordinatensystem eintragen und diese Kurve dann hundert Jahre weiter in die Zukunft verlängern, so ergibt sich ein garantiert falsches Bild des nächsten Jahrhunderts. Denn da wir unsere Informationsdaten aus einer geschichtlichen Zeit bezogen haben, in der es bereits eine stabile Ehe gab, haben wir postuliert, ohne uns dessen bewußt zu sein, daß die Ehe immer bestanden habe und trotz aller erkennbaren Modifikationen auch weiter bestehen müsse. Hätte unsere graphische Darstellung aber früh genug eingesetzt, also in einer Zeit, in der es noch keine Ehe im heutigen Sinne gab, so wären wir zu dem wahrscheinlich richtigeren Schluß gelangt, daß die Ehe eine transitorische Form der Paarungsgemeinschaft ist und möglicherweise früher oder später durch eine andere ersetzt werden wird.

Die wichtigste Grundregel der sexualwissenschaftlichen Futurologie besteht also darin, daß wir die Daten, die wir in unseren Computer hineinfüttern, nicht auf die geschichtliche Zeit begrenzen dürfen, denn diese Zeit fällt weitgehend mit der des Patriarchats, der Machtergreifung des Mannes, zusammen. Wenn wir unser Informationsmaterial auf diesen Zeitabschnitt der menschlichen Evolution beschränken, geraten wir bei der Extrapolation unserer Kurven stets zu dem falschen Schluß, daß die Herrschaft des Mannes auch in Zukunft bestehen werde. Da wir heute aber wissen, daß die ersten menschlichen Wesen mit einer uns ähnlichen Gehirnkapazität vor mehr als fünf Millionen Jahren gelebt haben, stellt die kaum mehr als fünftausendjährige Existenz des Patriarchats bestenfalls ein Tausendstel der menschlichen Geschichte dar – ein so winziges Segment, daß die Laienmeinung, alles sei »immer schon so« gewesen, den Paläoanthropologen eher als Witz denn als Wahrheit anmutet (Paläoanthropologie = Wissenschaft vom fossilen Menschen und seinen Vorgängern). In Wahrheit stellt die Herrschaft des Mannes ein mikroskopisch kleines Teil der menschlichen Evolution dar. Hier können wir deshalb die stochastische Spekulation aufstellen, daß die Epoche des Patriarchats von kommenden Generationen eher als eine temporäre Entgleisung denn als Fortschritt in der Geschichte unserer Spezies gelten wird.

Alles, was wir über den »Paradigmenwechsel« (Theodor S. Kuhn) wissen, ist, daß es zwar keinen Fortschritt im Sinne eines universellen Zuwachses an menschlicher Zufriedenheit gibt, daß man aber die Antwort einer jeden Gesellschaftsordnung auf die vorangegangene voraussagen kann. Dabei spielt die Suche nach Zufriedenheit eine maßgebliche Rolle. Die langfristige Reaktion auf den »reichen«, hochzentralisierten »Wohlfahrts«-Staat des vorigen Kapitels wird mit gewisser Wahrscheinlichkeit die nostalgische Sehnsucht nach einer »armen«, dezentralisierten, entcomputerisierten Gesellschaft sein – einer Art Sozialismus ohne Bürokratie, ohne Stasi und ohne »Diktatur des Proletariats«, wie es ja auch die Sowjetunion in ihren ersten Jahren sein sollte. Ich erinnere daran, daß der erste sowjetische Gesundheitsminister, Grigori Batkis, noch 1923 die Befreiung »von den alten despotischen und ungeheuerlich unwissenschaftlichen Gesetzen« gefordert und »die absolute Nichteinmischung des Staates in sexuelle Angelegenheiten« verkündet hatte.

Das war eine anarchistische Antwort auf den rigorosen Zentralismus des Zarenreichs und in diesem Sinn kaum überraschend. Denn es ist ja ein häufiges Muster des Paradigmenwechsels (Giovanni Battista Vico beschrieb es bereits 1725 in seinen »Grundlagen einer neuen Wissenschaft«), daß auf hochzentralisierte Gesellschaftssysteme oft dezentralisierte folgen, auf sexuell hochpolarisierte, durch extreme Formen des Geschlechterkriegs gekennzeichnete Epochen Zeiten der Versöhnung zwischen Mann und Frau.

Hermann von Helmholz (1821–1894), John Hughling Jackson (1835–1911) und Sigmund Freud (1856–1939) haben den Begriff »Regression« benutzt, um die Rückentwicklung von einer komplexen zu einer simplen Entwicklungsstufe zu beschreiben. Charles Darwin (1809–1882) hat das gleiche Phänomen bei der Evolution der Arten beobachtet. Théodule Ribot (1839–1916) hat in seinem »Regressionsgesetz« beschrieben, wie im Laufe eines Menschenlebens die Erinnerungen schwinden, zuerst die komplexen, zuletzt die simplen. So funktionieren auch die sozialen Erinnerungen an die frühesten Epochen der Menschheitsgeschichte, zum Beispiel die an das »Goldene Zeitalter«.

An drei Stellen des Alten Testaments, sowohl in der hebräischen Urfassung wie in der syrischen Übersetzung und der griechischen Septuaginta, taucht ein obskures Wort aus der awestischen Sprache, einem frühpersischen Idiom, auf: *pairidaēza*, »Paradies«, der Name des verschollenen Orts, wo der Mensch glücklich war. Der Mythos von dem verlorenen Glück und dem verschollenen Land ist nicht auf hebräische, persische, syrische und griechische Quellen beschränkt, sondern bildet einen Teil jenes regionalen Mythenblocks, der die ganze Alte Welt beherrscht hat, von den Küsten des Mittelmeers bis ins Herz Vorderasiens, von den Mittelmeerinseln hinauf bis an die Donau. Die bedeutendsten Mythologen, Sprachwissenschaftler und Religionsforscher unserer Zeit sind sich heute darüber einig, daß der »Garten Eden« weder im Zweistromland, wie man im neunzehnten Jahrhundert meinte, noch überhaupt an irgendeinem bestimmten Ort lag, sondern eine bestimmte Form des Zusammenlebens beschreibt, die einst in dieser ganzen Region geherrscht haben mag.

Das Bezeichnende an diesen Mythen ist nämlich, daß sie sich nicht mit einem Schlaraffenland, einem Land des Reichtums und des Überflusses, beschäftigten, was doch bei der großen Armut der Völker des Altertums zu erwarten gewesen wäre, wenn es sich um einen Wunschtraum gehandelt hätte. Statt dessen finden wir eine Welt der Genügsamkeit: zeitlos, beständig, gleichmütig, bedürfnisfrei, anspruchslos und bescheiden, aber auch rücksichtsvoll und würdig; eine Welt ohne Eigenart, aber auch ohne Eigenwilligkeit; ohne Individualität, aber auch ohne Einzelgängerei; eine Existenz frei von Eigentum, aber auch von Habgier und Diebstahl. Das Ganze erinnert sehr an die Beschreibungen, die wir von den Kongo-Pygmäen und anderen sogenannten »Urkulturen« besitzen.

Die Tugenden, die von diesen Kulturen geschätzt werden, sind fast die gleichen, die uns in den Mythen vom Goldenen Zeitalter überliefert sind. Es sind niemals Tugenden der »Persönlichkeit« oder des »Individuums«, denn beides gab es offenbar noch nicht in den Urkulturen, da die gegenseitige Abhängigkeit so groß war, daß niemand den Gedanken der persönlichen Eigenständigkeit fassen konnte. Es war eine Gesellschaft von Ebenbürtigen, aber auch von so engen Blutsverwandten, daß sich das Ich noch nicht völlig aus dem Wir herausgelöst hatte, eine Welt ohne Leidenschaft, aber auch ohne Einsamkeit. Die Tugenden waren Freundschaft, Verläßlichkeit, Aufrichtigkeit, Offenheit, aber auch all dies nur insofern, als sich niemand einer Alternative bewußt war. Es war keine glückliche Welt, denn Glück kann nur aus dem Gegensatz zum Unglück definiert werden, und Unglück war noch nicht ins Bewußtsein dieser weithin undifferenzierten Gemeinschaft eingedrungen.

Auch vom Geschlechtsleben dieser Gruppe gewinnen wir einen Eindruck, der sich in hohem Maße mit dem deckt, den wir von den frühesten noch überlebenden menschlichen Gemeinschaften gewonnen haben. Die Lust solcher Menschen spielt sich weniger in den Genitalien und im Orgasmus als in der über die ganze Hautoberfläche verbreiteten Freude am Berühren ab. Auch findet man weder das eine noch das andere Geschlecht in einer Position der Herrschaft. Schließlich ist so gut wie keine Gleichsetzung des einen Geschlechts mit Aktivität oder Aggression und des anderen mit Passivität oder Duldung zu finden. Man findet statt dessen eine an die Sexualität des neugeborenen Kindes erinnernde Freude am Warmen, Weichen, Lebendigen, Pulsierenden, eine allumfassende Zärtlichkeit, ein friedliches Streicheln und Kosen, das völlig in Kontrast zu unserem heutigen Bewußtsein vom Kampf der Geschlechter steht; eine Blutsbrüderschaft und Blutsschwesternschaft, die wir, da wir sie nie am eigenen Leibe erfahren haben, kaum beschreiben oder verstehen können.

Die Erinnerung, wenn es eine ist, knüpft offenbar an das Gefühl völliger Geborgenheit an, das man nur in einer Gemeinschaft finden kann, die den Durchbruch zum Bewußtsein der Individualität, des Andersseins, des Separatseins und damit des Alleinseins noch nicht vollzogen hatte. Das spiegelt sich in einer Sexualität, die noch nicht auf die Polarität der Geschlechter fixiert ist, sondern den anderen Menschen, unabhängig von seinem Geschlecht, als wärmendes, tröstendes Geschöpf sucht. Die Beziehungen ähnelten offensichtlich mehr der zwischen Mutter und Kind als der heutigen zwischen Mann und Frau, und dies wahrscheinlich aus dem einfachen Grunde, daß die Kausalverbindung zwischen Paarung und Zeugung noch nicht bewußt geworden war. Das Kind kannte zwar seine Mutter, nicht aber seinen Vater, und konnte deshalb auch nicht auf ihn eifersüchtig sein. Damit fiel die Barriere fort, die Sigmund Freud den »Ödipuskomplex« getauft hat, die Tendenz des

Knaben, sich in seine Mutter zu verlieben und auf den Vater eifersüchtig zu sein. Es war eine Sexualität, die nicht im Koitus zu enden brauchte, sondern sich schon am Körperkontakt, am Händehalten, am Umarmen und Umarmtwerden, am Brustkontakt und am Brustsaugen befriedigte; eine Sexualität vor allem, die nicht auf die Ausschließlichkeit des Verhältnisses zweier Menschen ausgerichtet war und deshalb auch nicht die Gemeinschaft als Außenstehende und andere von sich wies.

Was stimmt hiervon? Wieviel ist Erinnerung an eine wirkliche Kulturstufe, die wir einst durchlebt haben, und wieviel ist nachträglich in die Vergangenheit projizierter Wunschtraum? Die ersten verläßlichen Belege vom Sexualleben unserer europäischen Vorfahren stammen aus dem Altpaläolithikum, das wir bei uns (in Afrika fand es früher statt) von etwa 800000 bis etwa 100000 vor Christi Geburt ansetzen können. Es waren kleinere Horden, die fast ausschließlich vom Sammeln ihrer Nahrung lebten, also noch nicht jagten. Man bezeichnet solche rein aneignenden Gesellschaften als »ältere Wildbeuter der Vorjägerstufe«. Da noch keine Arbeitsteilung zwischen den Geschlechtern bestand, gab es auch keine Vorherrschaft des Mannes.

Im Mittelpaläolithikum, etwa 100000 bis 50000 v. Chr. in Mitteleuropa, finden wir die ersten Belege einer Arbeitsteilung zwischen Mann und Frau. Während die Frauen weiterhin das Sammeln von pflanzlicher Nahrung und Kleintieren verfolgten, begannen die Männer sich mehr und mehr dem Fallenstellen und der Jagd zu widmen. Diese Menschen lebten in Horden von rund 30 Müttern mit ihren Männern, Kindern und den überlebenden Mitgliedern der älteren Generation mütterlicherseits. Da die Sippe niemals wissen konnte, welche Kinder von welchen Vätern stammten und der Zusammenhang zwischen Paarung und Zeugung ihnen offenbar noch nicht bewußt war, folgte die Sippe dem einzig möglichen Prinzip und setzte die Abstammung in mütterlicher Folge fest. Dies gab der Frau und Mutter einen relativ höheren Status, aber keine Macht über den Mann. Als Mitglieder der Sippe galten wahrscheinlich nur diejenigen, die ihre Abstammung von einer Urmutter herleiten konnten. Die »einheiratenden« Männer, einerlei wie lange sie bei der Sippe wohnten, lebten, jagten und fischten, blieben wahrscheinlich Mitglieder einer anderen Sippe, nämlich der ihrer eigenen Mütter. Ein solches System nennt man lokale Exogamie, und der berühmte deutsche Ethnologe Hermann Baumann hat darüber einmal geschrieben: »Die sinnvolle Arbeitsteilung in der Wirtschaft, wo die Männer die Jagd, die Frauen das Sammeln besorgen, schafft ein ideales Zusammenwirken der Geschlechter, das nur selten jenen feindlichen Antagonismus der späteren Kulturen, eine einseitige Geschlechtersuprematie, aufkommen läßt« (*Das doppelte Geschlecht*, Berlin 1955, S. 40f.).

Im Jungpaläolithikum (bei uns etwa 50000 bis etwa 10000 v. Chr.) wurde die wildbeuterische Kultur überall in der Alten Welt von höheren Jägern und Fischern abgelöst. Der Durchbruch zu neuen Jagdwerkzeugen gab dem Manne eine relative Überlegenheit über die Frau, weil er mehr Nahrung nach Hause brachte als sie.

Das Mesolithikum (etwa 10000 bis etwa 6000 v. Chr. in unserer Region) brachte die ersten Nahrungsüberschüsse, den Anfang der Vorratswirtschaft und die Entwicklung des Tauschhandels. Das System der Abstammung von der Mutter mit all ihren Rechten blieb anfangs bestehen, aber der Nahrungsüberschuß ermöglichte zum erstenmal in der europäischen Geschichte eine einfache Form des Privatbesitzes und des Erbrechts, und das Erbrecht wirkte sich zugunsten des Mannes aus. Wenn sich Besitz überhaupt über den Tod des Besitzenden hinaus vermachen ließ, dann war vorauszusehen, daß die Väter früher oder später verlangen würden, auch ihre Söhne und nicht nur die der Mutter sollten erbberechtigt sein. Von dem Augenblick an, wo dies gestattet wurde, war das matrilineare System, das Prinzip des Stammbaums in mütterlicher Linie, zum Aussterben verurteilt.

Es gab von diesem Zeitpunkt der Geschichte an nur noch *eine* Möglichkeit, die Situation der Frau zu retten: Sie mußte sich zum zweitenmal jenen wirtschaftlichen Vorrang erobern, den sie einst besessen hatte, als sie in ihrer Funktion als Nahrungssammlerin mehr Essen nach Hause brachte als der Mann in seiner Funktion als Jäger und Fischer. Das war aber nicht leicht, denn die aneignende Nahrungsversorgung durch Sammeln, Jagd und Fischerei hatte die Grenzen ihrer Technologie erreicht. Es gab nur noch *einen* Weg, die Versorgung zu verbessern: den Durchbruch von der Aneignung zur Produktion. Genau der aber gelang der Frau im Altneolithikum (etwa 6000 bis etwa 4000 v. Chr. in Mitteleuropa), indem sie entdeckte, daß die Pflanzen, die aus den weggeworfenen Überresten der von ihr heimgebrachten Früchte, Beeren, Samen und Knollen gewachsen waren, sich systematisch anbauen ließen. So entwickelte sich das Stadium des Hackbaus, in dem die Frau mit Hilfe eines von ihr erfundenen, in der Geschichte der europäischen Menschheit völlig neuen Instruments, der Hacke, die Grundlagen der Landwirtschaft legte. Dies gab ihr auch eine Rechtsposition, wie sie die europäische Frau seitdem nie wieder besessen hat.

Der Rückschlag erfolgte, als der Mann den Pflug erfand und damit nicht nur die Nahrungsversorgung noch einmal dramatisch verbesserte, sondern auch die Grundlagen des Patriarchats, des Vaterrechts, legte. Mit dem Rind, das der Mann als ehemaliger Jäger und späterer Viehzüchter vor seinen Pflug spannte, gelang der Durchbruch zur gemischten Landwirtschaft, zum Dorf, zur Stadt, zu den ersten Ansätzen der Industrie (Mühlen, Bergwerke, Waffenschmieden). Damit ging aber auch jene Ära zu Ende, deren Erinnerungen in den Legenden vom verlorenen Paradies weiterlebten: die Zeit der Gleichheit, der sexuellen Befriedigung und der Abwesenheit jeglichen Kampfs der Geschlechter.

Stellen wir uns nun einmal vor, daß die gesellschaftliche Entwicklung der Zukunft aufgrund einer nicht unmöglichen Dezentralisierung der Energiequellen – z. B. kleine örtliche Wind- oder Sonnenkraftwerke – zum Abbau der zentralen Regierungsgewalt, des Verwaltungsapparates und der gesellschaftlichen Hierarchie führt, dann mag im Sexualleben noch einmal etwas geschehen, was den Anfängen der europäischen Kultur auf einer sehr viel höheren Stufe ähnelt: ein Abbau der Genitalität, der allein auf die Geschlechtsteile bezogenen Befriedigung, ein Fortfall des Bewußtseins der geschlechtlichen Unterschiede, ein Schwinden der zwischengeschlechtlichen Spannungen, ein Ende des tragischen Kampfs der Geschlechter, der das Sexualdenken des Patriarchats beherrscht. Da sowohl die menschliche Psyche als auch das menschliche Geschlechtsleben die bemerkenswerte Fähigkeit besitzt, jedes Gesellschaftssystem mit einer gewissen zeitlichen Verzögerung widerzuspiegeln, können wir sowohl die psychische Struktur als auch das Geschlechtsleben in einer solchen wirklich freien, wirklich demokratischen, wirklich enthierarchisierten Gesellschaftsordnung mit ziemlicher Genauigkeit prognostizieren.

Mit der Befreiung der Gesellschaft von der Hierarchie und der Zentralisierung wird sich auch unsere Seele von der Tyrannei des Bewußtseins über das Unbewußte befreien: Unsere Instinkte werden sich von neuem schärfen und einen Teil jener Fähigkeiten zurückgewinnen, die wir dem jahrtausendelangen Aufbau der hierarchischen Ordnung unserer Gesellschaft und unserer Seele geopfert haben. Mit der Befreiung von der Tyrannei der einen Erogenzone über alle anderen werden wir uns auch von der Tyrannei der Genitalität über unser Denken und Handeln befreien. Mit der Befreiung vom Kampf der Geschlechter werden wir uns von der Angst des Mannes vor der Frau und von der Angst der Frau vor dem Manne befreien. Denn der Kampf der Geschlechter ist keine Naturgegebenheit, sondern nur das Spiegelbild der unüberbrückbaren Konflikte in der patriarchalischen Gesellschaftsordnung.

Jeder Ethnologe, der Feldarbeit in nichteuropäischen Kulturen geleistet hat, weiß zu berichten, daß Kulturen, deren Wunschvorstellungen um das Bild des möglichst männlichen Mannes und der möglichst weiblichen Frau kreisen, stets die schlechtesten, die unbefriedigendsten Beziehungen zwischen den Geschlechtern aufweisen. Beim sogenannten Geschlechtstotemismus, bei dem wir jenes patriarchalische Ideal vom »kleinen Unterschied« zum Prinzip des möglichst großen Unterschiedes erhoben finden, stehen sich Männer und Frauen mit grundsätzlicher Feindschaft gegenüber, verhöhnen einander und suchen dem anderen Geschlecht durch Töten seines Totemtieres zu schaden. Bei den tropischen Pflanzenvölkern reicht dieser Geschlechterantagonismus von der fast völligen Trennung (Melanesien) bis zu einer Teilung aller Nahrungsmittel, aller Tiere, aller Pflanzen in männliche und weibliche Arten (Jivaro und Canella in Ekuador). Nur das eine oder das andere Geschlecht darf diese oder jene Pflanze anfassen, säen, ernten und essen. Ißt die Frau das männliche Tier, so stirbt sie. Umgekehrt ist es dem Manne auf den Neuen Hebriden (Santo, Malekula) verboten, Hühnereier zu essen, weil sie weiblich sind. In der typisch selbstzerstörerischen Aktionsform solcher Angstsitten führt die Einschränkung der Nahrungsmittel manchmal zu Unterernährung und schließlich zum Aussterben der Kultur.

Es ist nur ein kleiner Schritt von der bei uns so üblichen Ansicht, daß Männer eben Männer und Frauen eben Frauen zu sein hätten, zu der Praxis jener Völker in Melanesien und Neuguinea, die sogar ihre Geräte streng nach Männer- und Frauentabus ordnen (Digul). Keiner darf die Werkzeuge des anderen Geschlechts berühren. Auf dem Weg zur Arbeit in den Feldern gehen Frauen und Männer separat und sprechen nicht miteinander. Zu Hause sind sie im gleichen Raum durch eine Wand mit einer kleinen Öffnung zum Durchreichen der Nahrung getrennt. Nur das Allernötigste wird gesprochen. Stirbt die Frau, so wird sie im Frauenteil des Raums aufgebahrt. Selbst dann kommt der Mann nicht herüber, um sie zu betrauern. Wie der Geschlechtsverkehr bei solchen Völkern aussieht, kann man sich vorstellen: Es ist ein Kampf auf Leben und Tod, in dem jeder sich auf Kosten des anderen zu befriedigen sucht. Erst die körperliche Verletzung des anderen löst den Orgasmus aus.

Und trotzdem finden wir gerade bei diesen Kulturen die höchste Entwicklung der geschlechtsspezifischen Kleidung. Alles dient der Frau zur Herausstreichung ihrer Brüste, Hüften, Hinterbacken und Geschlechtsteile. Der Mann dagegen trägt Penishüllen, die sein Glied doppelt so groß erscheinen lassen, wie es wirklich ist. Alles dient der Demonstration des »kleinen Unterschieds«. Deshalb ist der berühmte Satz des »Frauenkenners«, *vive la petite différence*, stets ein Kennzeichen der Unkenntnis der Frau, ja überhaupt der Unkenntnis des Geschlechtsverkehrs und seiner wirklichen Motive. Und deshalb ist es auch ein gutes, ein gesundes Zeichen, wenn in unserer Zeit die Körpermaße der Mädchen sich immer mehr denen der Knaben nähern (breitere Schultern, längere Beine), denn all das bringt größeres gegenseitiges Verständnis und erfolgreichere gegenseitige Befriedigung mit sich.

Es ist ein unmißverständliches Kennzeichen der eigenen sexuellen Unsicherheit, wenn die Älteren diesen Prozeß der gegenseitigen Annäherung der Geschlechter mit einer an Panik grenzenden Angst und oft mit einem an Haß grenzenden Neid beobachten. Andererseits ist dieser Haß, dieser Neid auch nicht überraschend, denn die Alten waren ja einst die Autoritäten der Jungen. Jetzt, im Alter, wissen sie nur allzu gut, daß die Autorität nicht ohne jenes »divide et impera« auskommen kann, mit dessen Hilfe der Staat stets die Geschlechter gegeneinander aufgehetzt hat. Je mehr sich die Geschlechter durch ihre Mentalität, ihre Kleidung und ihre Sitten voneinander trennen lassen, desto größer wird ihre Abhängigkeit von der Autorität des Staats. Je mehr sie einander in Kleidung, Sitte und Mentalität ähneln, desto unabhängiger werden sie vom Staat und desto resistenter werden sie gegen dessen Verlockungen. Je mehr die Macht des Staates schwindet, je mehr er – wie in unserem Modell – dahinwelkt, desto mehr werden die Geschlechter einander ähneln.

»Gott helfe uns!« höre ich da den Schrei der Leser und Leserinnen. »Was bleibt uns denn da noch an Lebensfreude übrig, wenn die Mädchen nicht mal mehr ihre Tittis und die Jungen nicht mal mehr ihr Schwänzchen behalten dürfen? Wo bleibt das ganze Geschlechtsleben, wenn wir beide die gleichen Wölbungen und die gleichen Höhlungen haben? Lang lebe der kleine Unterschied!«

Ebenda liegt der Denkfehler des Patriarchats, und in ebensolchen Aussprüchen enthüllen wir, wie weit wir die Fähigkeit verloren haben, das menschliche Geschlechtsleben von den Klischees des Patriarchats befreit zu sehen. Denn sexualanthropologische Messungen lassen vermuten, daß die Fähigkeit, einen Partner des anderen Geschlechts zu befriedigen, besonders groß bei Frauen des psychisch »männlichen« Typs und bei Männern einer eher weiblichen Mentalität ist, während die besonders männlich wirkenden Männer und die besonders weiblich wirkenden Frauen sich im heterosexuellen Geschlechtsleben oft als enttäuschend herausstellen. Die Fähigkeit, sexuelle Wünsche des anderen Geschlechts zu antizipieren und zu befriedigen, liegt offenbar nicht in den körperlichen Eigenschaften, sondern im Einfühlungsvermögen begründet. Und das ist bei denen am stärksten ausgeprägt, die dem anderen Geschlecht psychisch am meisten entsprechen.

Wenn wir diese Erkenntnisse nun in die jahrtausendelangen Entwicklungsphasen der Gattungsgeschichte übertragen, dann wird es durchaus denkbar, daß die Geschlechter in einer langlebigen, enthierarchisierten und entpolarisierten Gesellschaftsordnung sich nicht nur in Körpergröße, Beinlänge und Schulterbreite, sondern sogar in ihren Geschlechts- und Fortpflanzungsorganen angleichen. Der Geschlechtsverkehr braucht ja keineswegs uninteressanter oder weniger leidenschaftlich zu sein, wenn er nicht mehr mit der Fortpflanzung zusammenfällt. Bei vielen Gattungen findet die Fortpflanzung zwischen Individuen statt, die weder eindeutig dem einen noch dem anderen Geschlecht angehören. Zwar ist es wahr, daß

Zwittrigkeit um so seltener ist, je höher die Gattung auf der Leiter der Evolution steht, aber die Gattung Homo sapiens hat sich in so vieler Hinsicht so anders als alle anderen Säugetiere entwickelt, daß ein Vorstoß zu einer neuen, nichtpathologischen Doppelgeschlechtlichkeit durchaus denkbar ist.

Wer das bezweifelt, der sollte sich vielleicht daran erinnern, daß es in der Sexualwissenschaft schon längst kein eindeutiges Geschlecht mehr gibt. Fast alle Humanbiologen, Genetiker und Endokrinologen sind sich darüber einig, daß der sogenannte Sexualdimorphismus, die Zweiteilung der Menschheit in Männer und Frauen, weitgehend gesellschaftlichen und nicht biologischen Ursprungs ist. Wir sprechen schon seit langem nicht mehr davon, daß die Geschlechtszugehörigkeit des Menschen aus seinen primären und sekundären Geschlechtsorganen entnommen werden könne, sondern haben gelernt, mindestens sieben (bei manchen Forschern neun) Faktoren zu unterscheiden, die den tatsächlichen sexuellen Status bestimmen:

1. Die Struktur der äußeren Genitalien, die von dem Laien als allein bestimmend für die Geschlechtszugehörigkeit des Individuums betrachtet wird.
2. Die Struktur der inneren Geschlechtsorgane, die von der Medizin bis vor kurzem als einziger zusätzlicher Faktor der Geschlechtsbestimmung herangezogen wurde.
3. Der Karyotyp, die Chromosomenformel, die das genetische Geschlecht des Menschen bestimmt (XX bei der Frau, XY beim Mann, aber auch Varianten wie XXY, XYY, XXXY und XXX, die nicht eindeutig geschlechtlich festgelegt werden können).
4. Die Wirkung der endokrinen Drüsen, die die hormonale, innersekretorische Geschlechtszugehörigkeit bestimmt.
5. Die Erziehung als Knabe oder Mädchen, die seine psychische Geschlechterrolle lebenslang beeinflussen kann.
6. Seine pubertäre Geschlechtserfahrung, die seine nachpubertäre Geschlechtsrolle prägt. Dieses sogenannte »coming out« spielt bei Heterosexuellen eine genauso wichtige Rolle wie bei Homosexuellen oder anderen Mitgliedern sexueller Minderheiten.
7. Seine schichtenspezifische Geschlechtserfahrung, die seine soziale Geschlechtsrolle bestimmt.

Jeder Mensch kann in sechs dieser Faktoren weiblich und im siebenten männlich sein; er kann in vier Aspekten weiblich und in drei anderen männlich sein; jede beliebige Zusammensetzung der geschlechtsbestimmenden Faktoren ist möglich und aus der sexualmedizinischen Praxis belegt. Statistische Überprüfungen des Abbaus der Geschlechtsunterschiede in verschiedenen gegenwärtigen Gesellschaftsordnungen lassen vermuten, daß er eine Folge oder Begleiterscheinung des Abbaus von Klassenunterschieden ist. In begrenztem Maße mag er aber auch als dessen Vorbedingung wirken. Wir sind ja bereits dem analogen Phänomen begegnet, daß bei Abbau der sozialen Hierarchie auch die Erogenzonen des menschlichen Körpers in ihrer hierarchischen Beziehung zueinander abgebaut werden, so daß wir statt des Herrschaftsanspruchs der einen Erogenzone, beispielsweise der Genitalorgane, über die anderen, beispielsweise den Mund, den After, die Achselhöhle usw., eine weitgehend gleichmäßige Verteilung der Reizzonen über die ganze Hautoberfläche finden.

Jeder in der Sozialmedizin geschulte Sexualforscher kann mit eigenen Daten belegen, daß eine direkte Verbindung zwischen der Hierarchie der Erogenzonen und der der Gesellschaft existiert. Je tyrannischer der Versuch einer gegebenen Gesellschaftsschicht, sich auf Kosten anderer durchzusetzen, desto tyrannischer der Machtanspruch der einen Erogenzone über alle anderen. Wilhelm Reich, Erich Fromm und die Mitglieder der Frankfurter Schule haben ja seit Jahren schon von »oralen« oder »analen« Gesellschaftsordnungen gesprochen und diese Begriffe auch recht klar definiert.

Sowohl das Sozial- wie das Geschlechtsleben des Menschen wird – im Gegensatz zu dem der anderen Säugetiere – offenbar weniger von den Trieben als von den Rollen bestimmt, die wir einander zuweisen. Was die menschliche Sexualität bestimmt, ist also nicht so sehr der »instinktive« Teil, den wir von unseren tierischen Vorfahren gelernt haben, als vielmehr jener andere Teil, der uns von ihnen unterscheidet: das komplizierte System der Anpassung, Verdrängung, Verschiebung und Projektion der Libido, das zwischen uns und den anderen Primaten eine Schranke von mutationsartiger Breite errichtet hat. Teil dieser Mutation sind auch die biotechnischen Veränderungen des menschlichen Körpers und der menschlichen Psyche, die in den nächsten Jahrhunderten vor uns liegen und unser Geschlechtsleben noch einmal grundsätzlich verändern werden (siehe Kapitel 5). Mit jeder dieser Modifikationen wird der Unterschied zwischen uns und den Tieren größer und die Bedeutung solcher Wissenschaften wie der vergleichenden Verhaltensforschung geringer werden. Denn wenn heute bereits sehr wenig von dem, was wir aus dem Verhalten der Tiere lernen, auf den Menschen anwendbar ist, dann wird der völlig veränderte Mensch von morgen so gut wie überhaupt nichts mehr mit ihnen zu tun haben.

Wollen wir unser verändertes Geschlechtsleben verstehen lernen, so können wir das nur aus der Entwicklung unserer Sozialsysteme heraus tun. Wir haben das im vorigen und im gegenwärtigen Kapitel an zwei gegensätzlichen Gesellschaftssystemen der Zukunft zu demonstrieren versucht:

1. Verstärkt sich die hierarchische Strukturierung der Gesellschaft, so geschieht das, was wir im vorigen Kapitel aufgezeigt haben: Es entsteht ein zentralistischer »Wohlfahrtsstaat« mit absoluter Macht über das Geschlechtsleben seiner Staatsbürger. Im Gegensatz zu den Folgerungen, die Konrad Lorenz aus solchen »Dekadenzerscheinungen« ziehen würde, betrachte ich sie als positiv. Denn:
a. Der Reiz der sexuellen Paarung hat unter seiner Verkoppelung mit dem Fortpflanzungsmechanismus beim Menschen eher gelitten als davon profitiert. Je weiter sich beim Menschen die »Paarung« von der »Fortpflanzung« emanzipiert, desto größer wird der Reiz der Paarung.
b. Es ist eine patriarchalische Illusion, daß der Reiz der Paarung vom sexuellen Dimorphismus und der Polarität der Geschlechter ausgelöst wird. Nicht nur empfinden Homosexuelle im Geschlechtsverkehr mindestens ebenso große Reize wie Heterosexuelle, sondern auch unter Heterosexuellen herrscht eine weitgehende Verschiebung der beim Tier feststellbaren Normen: Sexuelle Befriedigung wird eher von Menschen ausgelöst, die dem anderen Geschlecht psychisch ähneln und sich deshalb leichter in dessen sexuelle Prozesse versetzen können, als von sehr »männlichen« Männern oder sehr »weiblichen« Frauen.
c. Bei sexuell stark polarisierten Partnern findet Koitus meist ohne Vorspiel statt; bei Partnern, die größere Empathie für das andere Geschlecht empfinden, nimmt das Vorspiel oft einen so großen Raum ein, daß Koitus unter Umständen nicht mehr als dringend

erforderlich empfunden wird. Dies im Sinne der Zoologie als Mangel an Potenz zu deuten ist ein Mißverstehen der menschlichen Sexualität.

d. Wie das Kind eine erste Entwicklungsstufe durchläuft, in der die ganze Hautoberfläche sexuell affektiv ist (Freuds »polymorph-perverse Phase«), so hat auch die menschliche Gesellschaft eine Entwicklungsstufe erlebt, in der die geschlechtlichen Beziehungen weitgehend »polymorph« (panerotisch) waren.

e. Erst die Herausbildung des Patriarchats mit seiner Herrschaft des Mannes über Frau und Kind hat auch im menschlichen Körper eine Herrschaft der Geschlechtsteile über die anderen Erogenzonen mit sich gebracht.

2. Mildert sich die hierarchische Strukturierung der Gesellschaft, so geschieht etwas gänzlich anderes:

a. Der Abbau der gesellschaftlichen Strukturierung wirkt sich im Abbau der sexuellen Strukturierung aus: Wo die sozialen Gegensätze verschwinden, dort verringern sich auch die geschlechtlichen Widersprüche; wo der Klassenkampf aufhört, da hört auch der Kampf der Geschlechter auf.

b. Der sogenannte sexuelle Dimorphismus, der Gegensatz der Geschlechter in ihrer physischen und psychischen Struktur, vermindert sich: Die Geschlechter werden einander ähnlicher, nicht nur psychisch, sondern auch physisch.

c. Ebensowenig wie die klassenlose Gesellschaft eine entindividualisierte sein kann, sondern im Gegenteil erst zur vollen Entfaltung der Individuen führen wird, so ist es gattungsgeschichtlich denkbar, daß wir in einer Gesellschaft freier Individuen auch entscheiden werden, ob wir als Mann oder Frau leben wollen.

d. Unsere Vermutung, daß eine »klassenlose« Gesellschaftsordnung auch eine »geschlechtslose« sein wird, bedeutet also keineswegs, daß in ihr die Libido ausstirbt, sondern nur, daß die Geschlechtlichkeit nicht zugleich mit der Zeugung festgelegt werden wird.

e. In entfernter Zukunft ist es deshalb denkbar, daß sich auch die Genital- und Fortpflanzungsorgane angleichen. Jeder Mensch kann dann für sich selbst entscheiden, ob er als Mann zeugen oder als Frau gebären will.

3. Für den Vorgeschichtsforscher, der in Jahrmillionen zu denken und dabei die Variabilität der Gattung zu respektieren gelernt hat, sind diese Perspektiven keineswegs unrealistisch:

a. Die Geschlechtsbeziehungen in einer enthierarchisierten (»klassenlosen«) Gesellschaft der Zukunft werden denen der ebenfalls klassenlosen Kulturen der vorpatriarchalischen Zeit ähneln.

b. Beim Abbau der sozialen Hierarchie wird auch die hierarchische Beziehung der körperlichen Erogenzonen zueinander abgebaut werden, so daß wir statt des Herrschaftsanspruchs der einen Erogenzone (Genitalien) über alle anderen eine weitgehend gleichmäßige Verteilung der Reizzonen über die ganze Hautoberfläche wiederfinden werden. Dadurch verschwindet ein großer Teil des Leistungsdrucks im Geschlechtsleben des Patriarchats: Der Mann fühlt sich nicht mehr verpflichtet, dauernd seine Potenz unter Beweis zu stellen, die Frau nicht mehr dazu, dauernd ihre Fruchtbarkeit zu beweisen.

c. Bei einem solchen Abbau der sozialen Hierarchie werden die sexuellen Beziehungen zärtlicher und befriedigender werden, weil der Mann weniger aggressiv und die Frau weniger passiv zu sein braucht.

Als gesellschaftliches Gesetz ausgedrückt heißt das: Eine hierarchische Gesellschaftsordnung erzeugt eine hierarchische Sexualordnung – sowohl im Verhältnis der Geschlechter wie im Verhältnis der Erogenzonen zueinander. Eine nichthierarchische Gesellschaftsordnung erzeugt eine nichthierarchische Sexualordnung, baut Sexualzwänge ab und verhilft zu größerer und bleibenderer Befriedigung. Das sind Folgerungen, die meines Wissens bisher nie aus der sexuellen Evolution unserer Gattung gezogen worden sind. Deshalb will ich sie in einem Anflug von Größenwahn »Borneman's Law« nennen.

Wenn ich am Ende dieses Kapitels die gleiche Frage stelle wie am Ende des vorigen – ob die Liebe in diesem Szenarium gefördert oder behindert werden wird –, dann muß ich leider antworten, daß sie in beiden Modellen sterben wird, allerdings aus jeweils anderen Gründen: In einer Gesellschaft, die sexuelle »Wohlfahrt« anstrebt und damit Hörigkeit meint, stirbt die Liebe an schierer Gefühllosigkeit. In der enthierarchisierten, dezentralisierten, »klassenlosen« Gesellschaft dagegen besteht kein Grund mehr für eine Ideologisierung und Ritualisierung des Geschlechtsverkehrs. Die Liebe stirbt, wie bei Marx der Staat abstirbt: weil es keinen Grund mehr für ihr Überleben gibt.

5.

Die Liebe der Maschinen
Eine endzeitliche Utopie

»Die Fortpflanzung durch Paarung zweier Individuen ist unter den Vermehrungsarten, die wir in der Biologie kennen, sicherlich die störungsanfälligste und komplizierteste.«

NORBERT BISCHOF

»DNA ist wie das Gold des Midas. Jeder, der es berührt, wird verrückt.«

MAURICE WILKINS

»Die Gentechnologie stellt die Politik vor eine Zerreißprobe.«

BERNDT HEYDEMANN

»Die Macht des Menschen über die Natur ist eigentlich die Macht einiger Menschen über andere. Die Natur ist nur ihr Instrument.«

C. S. LEWIS

»Was gemacht werden kann, wird gemacht.«

GÜNTHER ANDERS

Dieses letzte Kapitel befaßt sich mit den wissenschaftlichen Erkenntnissen der Gegenwart, die einen Einfluß auf unser zukünftiges Geschlechtsleben ausüben könnten, und mit den sozialen Faktoren, die diese Einflüsse entweder fördern oder behindern werden. Wenn ich dabei die gewaltigen Schwierigkeiten, mit denen diese Forschungen gegenwärtig noch konfrontiert sind, so behandle, als seien sie bereits überwunden, so tue ich das nicht aus Wissenschaftsgläubigkeit, sondern um dem Leser die Abhängigkeit der Forschungsresultate von den Gesellschaftsordnungen der Zukunft klarzumachen:

In bestimmten Gesellschaftsformationen werden bestimmte Forschungsziele gefördert und deshalb besonders schnell realisiert werden. In anderen werden andere begünstigt oder vernachlässigt werden. Jene Entdeckungen, die sexuelle Polarisierung erzeugen, werden von hierarchischen, hegemonialen Gesellschaftsordnungen (Kapitel 3) gefördert werden; jene, die sexuelle Entpolarisierung hervorrufen, werden von enthierarchisierten, antihegemonialen Gesellschaftsformationen (Kapitel 4) bevorzugt werden.

Es geht mir also keineswegs darum, in quasi wertfreier Form pikante, exotische Formen des zukünftigen Geschlechtslebens vorzustellen, sondern im Gegenteil darum, die schichtspezifische Natur des Geschlechtslebens der Zukunft zu betonen, und zwar selbst in jenen Formen, die heute nur spekulativ vorgestellt werden können. Diese Formen stelle ich allerdings mit gezielt wertfreier Geste vor, damit sie im Gehirn des Lesers jene heilsame Schockwirkung auslösen mögen, die sich nur beim Infragestellen traditioneller Wertmaßstäbe ergibt.

Fangen wir mit einem Beispiel an, das die Auswirkungen biologischer Fortschritte auf die menschliche Gesellschaft besonders plastisch illustriert – mit der Verjüngung. Da sowohl die Potenz des Mannes wie die Gebärfähigkeit der Frau altersabhängig ist, gehört die Verlängerung der Jugend zu den profundesten Sexualwünschen des Menschen. Die Fortschritte der Geriatrie (der Wissenschaft vom Altern) und der Thanatologie (der Wissenschaft vom Sterben und seinen Gründen) haben sich während der letzten Jahrzehnte als so beachtlich erwiesen, daß wir in nächster Zukunft mit einem echten Durchbruch zu neuen Erkenntnissen rechnen können. Zwar werden wir uns ein »ewiges Leben« ebensowenig verschaffen können wie ein Perpetuum mobile (für die Unlösbarkeit beider Probleme gibt es wissenschaftslogische Gründe), aber eine Verlängerung der Lebensdauer und damit eine verlängerte Jugend liegt nicht nur im Bereich des Möglichen, sondern bereits des Wahrscheinlichen.

Wie bei allen Beispielen, die ich in früheren Kapiteln aufgeführt habe, müssen wir uns aber auch hier die gesellschaftlichen Folgen vor Augen führen. Jedes zuzügliche Lebensjahr eines Älteren schränkt den Lebensraum und damit die Lebenserwartung eines Jüngeren ein. Je mehr Platz, je mehr Pflege, je mehr Nahrung, je mehr Wasser und Sauerstoff die Älteren benötigen, desto weniger steht den Jüngeren zur Verfügung. Diese Perspektive gehört zur Gruppe jener Begleiterscheinungen des Fortschritts, die von der ersten Generation der Futurologen geflissentlich ignoriert worden ist, weil sie in die Zukunftseuphorie jener Jahre nicht hineinpassen wollte. Man könnte sie heute in die Form eines Gesetzes bringen:

Auf einem begrenzten Raum mit begrenzten Rohstoffreserven ist eine hierarchisch gegliederte Gesellschaft dazu verurteilt, den Fortschritt des einen nur auf Kosten des anderen zu ermöglichen.

Wer soll nun das Recht haben, länger zu leben und anderen ihre Nahrung, ihr Wasser, ihre Atemluft und ihren Lebensraum wegzunehmen? Die Wohlhabenden haben sich in allen Gesellschaftsordnungen angemaßt, von allen irdischen Gütern mehr zu besitzen als die Armen. Das hat stets sexuelle Auswirkungen gehabt. Wer als Kind in einem wohlversorgten Haushalt aufwächst, wird als Erwachsener bessere Chancen haben, sich und seine Sexualpartnerin zufriedenzustellen, als einer, der schon in seiner Kindheit auf der Schattenseite der Gesellschaft aufgewachsen ist. Wenn diese Gegensätze sich verschärfen, wird die sexuelle Bevorzugung der sozial Bevorzugten sich in einer zukünftigen Gesellschaftsordnung noch weiter zuspitzen. Die sexuelle Benachteiligung der sozial Benachteiligten kann nur dann aufgehoben werden, wenn die gesellschaftlichen Gegensätze abgebaut werden.

Man erkennt das sehr klar, wenn man die heutigen Erfahrungen der Kinderpsychologie in die Zukunft projiziert. Wie wir in den vorigen Kapiteln rekapituliert haben, kommt die Koitierfähigkeit nicht von selbst, wie bei unseren tierischen Vorfahren. Wir haben gesehen, daß auch der Paarungswunsch des Menschen keinem simplen Trieb entstammt, sondern daß jeder Mensch maßgeblich und lebenslang von seiner Beziehung zu jenen Personen geprägt wird, mit denen er in seiner frühen Kindheit Körperkontakt gehabt hat. Wer nicht in diesem Stadium geliebt wird, lernt nie zu lieben. Wer in diesem Stadium Entbehrungen erlebt hat, erleidet sie sein ganzes Leben lang und rächt sich dafür an seinen Mitmenschen. In allen Ländern der Welt stammt ein ungewöhnlich hoher Prozentsatz (in manchen Regionen bis zu achtzig Prozent) der straffälligen Männer und Frauen aus lieblosen Haushalten.

Das ist bereits bei den höheren Primaten, unseren nächsten Verwandten, deutlich feststellbar. Affenkinder, die weder von ihrer Mutter noch von einer menschlichen Pflegeperson gehalten, gestreichelt, umarmt und liebkost werden, zeigen bei Einsatz der Geschlechtsreife keinerlei Interesse am anderen Geschlecht und bleiben ihr ganzes Leben lang verkümmert, einzelgängerisch, mürrisch und paarungsunfähig.

Nun ließe sich eine zukünftige Gesellschaft konzipieren, in der man Kinder durch bestimmte Formen des Körperkontakts auf bestimmte Sexualfunktionen im späteren Leben vorbereitet. So könnte man nicht nur willige Prostituierte konditionieren, sondern sogar Menschen, die auf bestimmte Sexualtätigkeiten spezialisiert sind und sie besonders gut und gern ausüben. Ebenso wäre es aber auch denkbar, ganze Generationen von »keuschen«, an jeder Sexualhandlung desinteressierten Menschen aufzuziehen, die dann nicht durch sexuelle Wünsche von ihrer Arbeit abgelenkt werden und asexuelle Sklaven ergeben würden, ähnlich den »Arbeitern« in Ameisen-, Bienen- und Termitenvölkern. Für Zwecke der Raumfahrt und für andere Missionen, die keine Möglichkeit des Geschlechtsverkehrs bieten, könnte man solche Menschen gezielt züchten.

Vielleicht hat diese Sache aber doch einen kleinen Haken, und zwar einen endokrinen (Endokrinologie: Wissenschaft von den inneren Drüsen und dem Hormonsystem). Zwar hat sich unter dem kombinierten Einfluß einiger Kirchenväter und späterer puritanischer Lehren bei vielen Westeuropäern die Überzeugung herausgebildet, daß Keuschheit beim Menschen die Norm sei und häufiger Geschlechtsverkehr eine sündhafte Abweichung vom Normalen darstelle. Endokrinologische Untersuchungen der letzten Jahrzehnte haben jedoch zu der Vermutung geführt, daß ein Zustand saisonaler Geilheit bei allen Säugetieren die Norm ist und daß nur die Wirkung bestimmter hormonähnlicher Substanzen, sogenannter Antihormone, beim Menschen zur Illusion eines keuschen Normalzustands und beim Tier zu einem außerbrunftlichen Desinteresse am Geschlechtsverkehr führt. In diesem Falle wäre die tierische Brunft nicht, wie man bis dahin angenommen hatte, auf saisonale Hormonzufuhr, sondern auf temporäre Drosselung der Antihormonzufuhr zurückzuführen.

Es ist nicht undenkbar, daß die gegenwärtige Krise der menschlichen Sexualität weniger auf ein Abflauen der Lust als auf eine Zunahme von Antihormonen zurückgeht. Beim Menschen wirkt offenbar vor allem das Serotonin (5-hydroxytryptamin) in diesem Sinne. Neutralisiert man Serotonin mit Chemikalien der Gruppe p-Chlorphenylalanin, zum Beispiel Pargylin oder PCPA, so erzeugt man sowohl beim Menschen wie im Tierversuch eine sexuell enthemmende Wirkung. (Siehe hierzu die Arbeiten von Tagliamonte, Gessa und Brodie seit 1970.)

Im Laborexperiment mit Ratten und Kaninchen versuchten alle Tiere nach Einspritzung dieser Substanzen, unabhängig von ihrer Geschlechtszugehörigkeit, miteinander zu koitieren. Laborversuche mit Menschen am U.S. National Heart Institute in Bethesda, Maryland, mußten wegen der unkontrollierbar drastischen Symptome abgebrochen werden. Anfangs meinte man deshalb, in der PCPA-Pargylin-Gruppe das erste wirklich wirksame Aphrodisiakum in der Geschichte der Sexualforschung entdeckt zu haben. Chemische Analyse zeigte aber, daß es sich keineswegs um ein Stimulantium, sondern eher um dessen Gegenteil handelt. Wenn aber eine hemmende Substanz sexuell stimulierende Wirkung ausüben konnte, dann mußte man annehmen, daß der Normalzustand der

Sexualität bei Menschen, Ratten und Kaninchen das Bedürfnis nach Paarung sei und daß die Abwesenheit permanenter Paarungslust nur durch die Aktivität einer eingebauten Bremssubstanz, vielleicht des Serotonins, erklärbar ist.

Was das für die Zukunftsforschung bedeutet, braucht kaum unterstrichen zu werden. Einfache Beimischung von Chemikalien der p-Chlorphenylalanin-Gruppe in das Trinkwasser einer Großstadt könnte die ganze Bevölkerung in einen Paarungsrausch versetzen, der jedes Widerstandsdenken gegen einen inneren oder äußeren Feind unmöglich machte. Das zeigt, in wie hohem Maße sexuelle Innovationen das gesellschaftliche Geschehen (vielleicht sogar die Struktur der Gesellschaft) beeinflussen können. Im Privatleben dagegen könnte jeder Mann jede Frau – und jede Frau jeden Mann – gefügig machen, indem er bzw. sie dem Essen oder Trinken des anderen minimale Spuren dieser Substanz beifügte.

Eine einfachere, harmlosere, traditionellere Beeinflussung des anderen ergibt sich natürlich auch aus der Synthese der in allen guten Parfums wirkenden Sexualstimulantia. Wir wissen bis heute noch nicht, was es ist, das manche Parfums wirksamer macht als andere (und manche nur für bestimmte Individuen, aber nicht für andere wirksam macht), aber wenn wir auch nur einen Bruchteil der Gelder, die wir anderen Forschungszwecken zuwenden, auf die Synthese von Lockstoffen konzentrierten, wäre es vielleicht möglich, sowohl Männer wie Frauen »unwiderstehlich« zu machen.

Ob das eine gute Sache ist oder nicht, wollen wir dahingestellt sein lassen. Aber eines ist sicher: Wenn es uns gelänge, unsere Sinne zu schärfen, würde das nicht nur dem Geschlechtsleben zugute kommen. Als ich ein junger Student in London war und den großen Genetiker J. B. S. Haldane einmal nach den Möglichkeiten der Verbesserung des menschlichen Gehirns fragte, antwortete er, es habe wenig Sinn, über die Schärfung des Verstandes zu spekulieren, solange die menschlichen Sinne noch so unscharf seien. Es nütze wenig, Menschen mit doppelter Gehirnkapazität heranzuzüchten, wenn sie weder richtig riechen noch hören, weder anständig sehen noch fühlen, noch schmecken könnten.

Dieser Gedanke hat mich damals sehr beeindruckt, und als Haldane viele Jahre später auf einer Tagung über die Zukunft des Menschen sagte, es sei vielleicht eine gute Idee, dem Menschen durch

Genmanipulation eine Nase zu geben, die riechen könne wie ein Hund, mußte ich an unser früheres Gespräch und die Assoziationen denken, die es bei mir ausgelöst hatte. Denn man stelle sich einmal vor, welche Erweiterung der sinnlichen Erfahrungen uns in unserem Geschlechtsleben blühen würde, wenn wir all jene Sinnesfähigkeiten wiedergewinnen könnten, die wir im Laufe unserer stammesgeschichtlichen Entwicklung verloren haben.

Was die Möglichkeiten der Verbesserung der menschlichen Gehirntätigkeit anbelangt, so hat vor mehr als einem halben Jahrhundert der Züricher Physiologe und Nobelpreisträger W.R. Hess bereits mit Versuchen begonnen, das sogenannte Seelenleben von Versuchstieren durch Reizung bestimmter Hirnregionen zu beeinflussen. Es gelang ihm, bei befreundeten Katzen künstlich Feindschaft, bei verfeindeten Katzen künstlich Freundschaft zu erzeugen. Seine Schüler und Nachfolger haben diese Experimente verfeinert und sind bei Primaten auf Resultate gestoßen, die sich heute schon auf den Menschen übertragen lassen. Hungernde Affen konnten durch elektronische Gehirnsteuerung zur Verweigerung des Essens getrieben werden, überfütterte Paviane konnten durch Stimulierung der Hungerzentren des Hirns dazu veranlaßt werden, sich zu Tode zu fressen.

Zu den Experimenten, die José M. Delgado (Yale-Universität) und Bryan W. Robinson (Emory-Universität, Atlanta, Georgia) durchgeführt haben, gehören auch Versuche, die tierische und menschliche Liebe elektronisch zu steuern. Eines der Affenpärchen Delgados wurde einundachtzigmal innerhalb von neunzig Minuten elektronisch zum Koitus veranlaßt. Ein männerfeindliches Affenweibchen wurde zur Nymphomanin, ein fast seniler Affengreis koitierte bis zum Zusammenbruch mit allen verfügbaren Affenmädchen. Delgado berichtet, wenn auch verschlüsselt und mit großer Diskretion, über erfolgreiche Sexualstimulierung frigider Menschen. Die Implikationen dieser Versuche liegen auf der Hand.

Nicht nur kann sich jeder Mensch einen »idealen« Sexualpartner verschaffen, indem er dessen Sexualverhalten elektronisch steuert, sondern er kann auch sich selbst mit Hilfe eingepflanzter Elektroden in jeden Zustand der Koitierfreudigkeit oder der sexuellen Ablehnung, der erotischen Ekstase oder der totalen sexuellen Apathie versetzen. Zwei der von mir angeschriebenen Forscher halten es für möglich, Menschen heute schon elektronisch zu präzisen sexuellen Akten zu veranlassen, beispielsweise zu Fellatio oder Pedikatio. Das würde bedeuten, wir könnten das Sexualverhalten unseres Partners so programmieren, wie es unseren lustvollsten Vorstellungen entspricht.

Es gibt keinen Zweifel daran, daß die Gehirnforschung, wie K. E. Moyer es ausgedrückt hat, heute vor einem ähnlichen Durchbruch steht wie die Atomphysik im Jahre 1940. Vor drei Jahrzehnten haben amerikanische Ärzte bereits damit begonnen, bestimmten straffällig gewordenen Personen einen Gehirnmonitor einzubauen, der psychopathologische Gefahrenmomente im formativen Stadium drahtlos an einen behandelnden Arzt meldet, der dann seinerseits entweder elektronische Impulse zur Therapie aus der Ferne auslösen oder den Patienten zur Behandlung anfordern kann. In den amerikanischen Kriegsforschungszentren, die ja die Mehrzahl aller heute in den Vereinigten Staaten tätigen Zukunftsforscher beschäftigen, ist das Projekt diskutiert worden – allerdings mit der Vorgabe, es sei eine Feindesmaßnahme, die man verhindern müsse –, Kleinkindern Elektroden einzupflanzen, um sie später zu furchtlosen Soldaten oder zu widerstandslosen Arbeitssklaven zu machen. Das Projekt wäre, wenn irgend jemand es realisieren wollte, heute schon durchführbar.

Da wir uns hier aber nicht mit Kriegsforschung, sondern mit Sexualwissenschaft befassen, wollen wir nur die sexuellen Auswirkungen eines solchen Plans durchdenken. Es wäre in einem Staat, der die elektronische Versklavung von Kindern und Erwachsenen ins Auge faßt, durchaus logisch, auch sexuelle Versklavung einzuführen. Das heißt: Wir könnten uns Sklaven des eigenen oder des anderen Geschlechts halten, die uns jeden sexuellen Wunsch bedingungslos erfüllen. In einer fortschreitend hierarchisierten Gesellschaftsordnung, wie ich sie im dritten Kapitel vorgestellt habe, wäre eine solche Einrichtung nicht nur denkbar, sondern konsequent und wahrscheinlich.

Einerlei ob wir die elektronische Gehirnsteuerung nun zur Manipulation von Sexualsklaven und Sexualsklavinnen benutzen oder ob wir sie zur Programmierung unseres eigenen Sexualverhaltens verwenden, drängt sich die bereits angesprochene Frage auf, wieso wir denn überhaupt den Umweg über elektronische Steuerung des

Sexualverhaltens machen und nicht statt dessen die Gehirnzonen, in denen bestimmte Hautreize bestimmte Lustgefühle auslösen, direkt stimulieren. Dann benötigten wir keine Sexualpartner mehr, sondern könnten durch Elektrosonden in unseren eigenen Gehirnen Lustgefühle hervorrufen, die weit über das Maß der denkbar größten Sexualekstase hinausgehen würden.

Die Versuche des Tierpsychologen James Olds (McGill-Universität, Toronto) haben gezeigt, daß Ratten, denen man Elektroden zur direkten Stimulierung der Lustzonen ins Hirn eigepflanzt hatte, sehr bald den Hebel zu betätigen lernten, der die Hirnreize auslösen konnte, und sich damit bis zu 8000mal pro Stunde befriedigten. Essen und Trinken, Schlaf und normaler Geschlechtsverkehr wurden völlig vernachlässigt. Die Tiere »masturbierten«, wenn man das so nennen darf, bis zur Bewußtlosigkeit – aber eben nicht durch manuelle Reizung der Genitalorgane, sondern durch elektronische Einwirkung auf die Lustzonen ihrer Gehirne. Der verstorbene Zukunftsforscher Herman Kahn hat hieraus die plausible Folgerung gezogen, unser »Geschlechtsverkehr« werde eines Tages nicht mehr mit Hilfe unserer Genitalien stattfinden, sondern mit der Hilfe von elektronischen Einrichtungen, die unser auserwählter Partner bedienen werde. Selbstbetätigung des Apparats würde öffentlich ebenso tabuiert und geheim genauso praktiziert werden wie heute die Onanie.

Ein interessanter Aspekt solcher Gehirnstimulation wäre der, daß er sowieso nicht im geheimen stattfinden könnte, da elektrische Schwingungen ja bekanntlich aufgefangen und abgehört werden können. Damit wäre es möglich, das »Sexualprogramm« eines anderen Menschen jederzeit abzuhören, wenn man den richtigen Empfänger hätte. Und damit wäre dann auch ein anderes Kapitel der Liebe beendet: die berühmte Freiheit der Gedanken und Gefühle, die dem geschulten Verführer bisher erlaubt hat, sein Opfer durch Schmeichelei zur Hingabe zu bewegen, die aber auch jeder listigen Frau in der bürgerlichen Gesellschaft die Möglichkeit bietet, dem Manne vorzumachen, wie schwer sie von ihm beeindruckt sei, um sich dadurch einen angemessenen Hort von Nerzmänteln, Diamantringen und Goldbarren zu erschlafen. Liebesschwüre wären dann nur noch so viel wert wie die Gefühle, die tatsächlich dahinterstecken.

Ein ähnliches Problem käme auf uns zu, wenn es uns gelänge, die Gefühle, die sich in unseren Organen bilden, biochemisch an andere Menschen weiterzugeben. Die Möglichkeit der Gefühlsleserei (ich präge den Begriff in Anlehnung an das Wort »Gedankenleserei«) ist heute schon so weit gediehen, daß wir eine Welt von morgen prognostizieren können, in der wir keinen körperlichen Kontakt mit unserem Sexualpartner mehr benötigen werden, weil wir uns dessen sexuelle Gefühle auch biochemisch zu eigen machen können. So könnten wir zum Beispiel die gesamten Liebesabenteuer Casanovas nachvollziehen, wenn wir ihm damals ein wenig Protein abgezapft und für den Rest der Menschheit aufbewahrt hätten. Wir könnten aber auch – und dies wäre wahrscheinlich einer der interessantesten Trips der Zukunft – die Erfahrungen des anderen Geschlechts erleben. Sigmund Freuds wehleidige Frage am Ende eines langen Lebens: »Was will das Weib?« ließe sich mit Leichtigkeit beantworten, wenn man ihm die Geschlechtserfahrungen seiner Frau injiziert hätte.

Auch könnte man durch solche intravenösen Übertragungen der Geschlechtserfahrungen anderer Menschen vielleicht ein wenig Verständnis für die sexuellen Minderheiten gewinnen: Jeder sittsame Kleinbürger sein eigener de Sade, sein eigener Sacher-Masoch, seine eigene Blutgräfin Batory. Nekrophilie aus der Tube oder Schuhfetischismus aus der Medizinflasche. Ein paar Tröpfchen Päderastie gefällig? Vielleicht mit einem Schuß Koprophilie?

Durchaus im Rahmen des Möglichen wäre ein Bordell der Zukunft, in dem man, statt sich beim körperlichen Kontakt mit ungebildeten Prostituierten einen Tripper zu holen, mit den großen Mätressen der Weltgeschichte oder ihren Nachfolgerinnen per Proteininjektion verkehrt. Aus der Erlebnisbar des Puffs würde man sich dann die Dalila, die Pompadour, die Nell Gwynn, die Cora Pearl oder die Paiva bestellen und per Protein Erinnerung an ihren Erlebnissen mit den potentesten Liebhabern ihres Zeitalters teilnehmen. Das wäre ein wirklicher Durchbruch zu einer »brave new world«, denn die Sexualität ist ja bekanntlich eines der wenigen Erfahrungsgebiete des Menschen, die in jeder Generation von jedem Individuum neu erforscht werden müssen.

Der Erfolg unserer Gattung hat seit Erfindung der Sprache darauf beruht, daß jede Generation ihr Wissen mit Hilfe von Worten und

Zeichen an die nächste weitergeben konnte. Deshalb der ungeheure Fortschritt der auf Wissenschaft beruhenden Leistungen des Menschen. Was wir dagegen nicht mit Hilfe von Worten und Zeichen an die kommenden Generationen weitergeben konnten, waren und sind unsere Gefühle. Deshalb der steinzeitliche Status unserer Emotionen, die ungeheure Primitivität unserer Affekte und der auf ihnen beruhenden Handlungen.

Keines der heutigen Werke über Sexualerziehung kann unseren Nachfolgern helfen, besser zu lieben, als wir es heute können. Auch pornographische Romane, Aktfotos, filmische Darstellungen des Geschlechtsverkehrs nützen wenig, weil die Gefühle, die der Geschlechtsverkehr auslöst, weder in Worten noch in Bildern beschreibbar sind.

Deshalb versuchen die Wissenschaftler schon seit Jahrzehnten, Mischwesen zu erzeugen, denen man einen Teil der menschlichen Denk- und Gefühlswelt einprägen kann. So wäre es heute schon durchaus denkbar (vielleicht ist es auch bereits geschehen), einem Schimpansen ein Menschenhirn einzusetzen. Ein solches Wesen wäre seinen Artgenossen gegenüber zweifellos im Vorteil. Die Futurologie benutzt seit zwei Jahrzehnten das griechische Wort »Chimäre« für solche Geschöpfe, die teils aus menschlichen, teils aus tierischen Organen bestehen und im Kriege oder in radioaktiv verseuchten Kernkraftwerken eingesetzt werden könnten. Konsequent denkende Futurologen haben bereits darüber nachgedacht, wie sich die Gewerkschaften zu der Konkurrenz von intelligenten Affen oder die Marine zur Konkurrenz von denkenden Delphinen stellen mag. Wenn das Mischwesen weder Mensch noch Tier ist, wird es dann ein Recht auf Rente, auf Arbeitslosenunterstützung, auf Sozialversicherung haben? Wird es Einkommensteuer zahlen müssen?

Noch wichtiger: Wird es ein Recht auf Paarung mit Menschen haben, wird es sich nur mit seinesgleichen paaren dürfen, oder wird sein Paarungsrecht auf Affen beschränkt sein? Umgekehrt: Wer darf sich mit ihm paaren? Wie stellen wir uns zu Sodomiten, zu Zoophilen und Zooerasten, auf Kopulation mit Tieren fixierten Menschen, die wir heute als Perverse betrachten und einsperren, denen wir morgen aber eine solche Paarung kaum versagen können, wenn das Tier zur Hälfte menschlich ist? Oder richten wir uns nach dem Mischungsverhältnis? Darf man sich dann mit Viertelgorillas paaren, aber nicht mit Dreiviertelschimpansen? Wie bestraft man jemanden, der die »Apartheid« übertritt und sich trotz aller Verbote mit einer anderen Gattung paart?

Ein ähnliches Problem könnte sich für ein anderes Mischwesen ergeben, das seit Jahrzehnten durch die Welt der Science-fiction stolpert – den Kyborg. Das Wort stammt von dem Mathematiker Norbert Wiener (1894–1964) und geht auf die griechische Wurzel *kybernetes*, »Steuermann«, zurück, von der sich auch die Worte »Kybernetik« und »Gouverneur« ableiten. Ein Kyborg ist also einfach ein kybernetischer Organismus, wie wir ihn heute bereits in jenen durch Gedankensteuerung bewegten Prothesen finden, die sich wie natürliche Glieder benehmen. Wiener verstand darunter einen für die Raumfahrt erdachten Roboter mit menschlichem Gehirn. Er ging dabei von der Vermutung aus, die sich später als korrekt erwiesen hat, daß der menschliche Körper im Zustand der Schwerelosigkeit Kalzium und Körperflüssigkeit einbüßen würde, so daß ein langfristiges Überleben in gravitätsarmen Räumen nur durch Heranzüchtung eines Menschentypus möglich sein würde, dessen Knochenbau und Kreislaufsystem nicht der Schwerkraft bedürfen, also genaugenommen ein Mensch, dessen Torso und sämtliche Glieder amputiert und durch Prothesen ersetzt worden sind.

Nun lassen sich Kyborgs aber auch in vielen anderen Formen und für ganz andere Zwecke bauen, zum Beispiel als leistungsfähigere Partner beim Geschlechtsverkehr. Ein Mann mit vibratorgetriebenem Penis wäre zweifellos ein Geschenk Gottes für zahllose Frauen, die sich heute nur mit Hilfe eines Massagestabs befriedigen können. Eine Frau mit unermüdlich vibrierenden Genitalien würde viele Männer davor retten, sich einsam und verlassen mit elektrisch getriebenen Penishülsen einen Orgasmus verschaffen zu müssen.

Gordon Rattray Taylor, der hier, wie auf vielen anderen Gebieten der Futurologie, wieder einmal die klügsten Fragen gestellt hat, erkundigte sich vor zwei Jahrzehnten bereits nach der Identität der Kyborgs: Wird er sich als Mensch oder als Maschine verstehen? Die Frage »Wer bin ich?«, die jedes Individuum sich irgendwann einmal stellt, wird schwer zu beantworten sein, wenn ich nicht mehr sagen kann: »Ich bin ein einmaliges Wesen, anders als alle anderen, und mein Name X bezeichnet diese einmalige Anordnung von Qualitäten, die mich von allen anderen unterscheiden.« Denn wenn ich zumindest partiell aus Maschinenteilen bestehe, werde ich mich nicht mehr einzigartig fühlen.

Wie fühlen wir uns dann dem Kyborg gegenüber? Werden wir ihn als mechanisierten Menschen oder als humanen Mechanismus empfinden? Jeder Mensch ist tief beunruhigt, wenn er zum erstenmal einen Menschen trifft, mit dem er sich arrangieren muß – einen neuen Chef, eine neue Geliebte, einen plötzlich rebellierenden Sohn. Wieviel schwieriger wird es dann erst sein, sich mit einem völlig neuartigen Wesen zu einigen. Rattray Taylor vergleicht die Situation mit einer Begegnung zwischen einem Gesunden und einem Geisteskranken, die bei dem Gesunden fast stets das Gefühl totaler Hilflosigkeit hervorruft, weil der andere einfach nicht auf das Repertoire von Worten und Gesten reagiert, das wir uns zur Beherrschung der Umwelt angeeignet haben. Ähnlich, meint Taylor, wird es uns im Verkehr mit dem Kyborg gehen.

Aber wie lange wird diese Fremdheit andauern? Nominell besteht die Computerforschung in der Aufgabe, Maschinen für bestimmte funktionelle Zwecke zu konstruieren und zu programmieren. Aber im tieferen Sinne ist die ganze Kybernetik nichts anderes als eine neue Facette der uralten Suche des Menschen nach dem eigenen Ich. Es ist der Versuch, ein Wesen nach unserem Ebenbilde zu schaffen, damit wir von ihm erfahren können, wer wir selber sind. Deshalb werden die Computer, einerlei welcher Aufgabe sie theoretisch gehorchen sollen, in der Praxis immer menschenähnlicher. Wir bauen, ob wir das wollen oder nicht, immer mehr Erkenntnisse über uns selbst in sie hinein. Und da wir nun einmal sexuelle Wesen sind, werden wir auch – bewußt oder unbewußt – sexuelle Maschinen bauen. Das Resultat, ob wir es ursprünglich beabsichtigt hatten oder nicht, wird unweigerlich eine Maschine sein, die koitieren kann und will. Am Ende wird sie große Schwierigkeiten haben, zu erkennen, wer sie ist. Rattray Taylor sieht Schlagzeilen in Zeitungen voraus: »Hochzeit abgesagt, Braut nicht 100% menschlich!«

Ähnliche Fragen werden sich in zukünftigen Gesellschaftsordnungen auch um alle anderen Formen künstlich hergestellter Sexualpartner ranken. Denn man kann mit relativer Wahrscheinlichkeit prognostizieren, daß die Zielrichtung der Sexualmedizin sich in Zukunft von der Analyse sexueller Phänomene zu deren Synthese verlagern wird: zu der Herstellung »idealer« Sexualpartner. Diese Tätigkeit wird je nach der Gesellschaftsordnung, in der sie stattfindet, sehr verschiedene Formen annehmen. In einer gespaltenen Ordnung ist es wahrscheinlich, daß die artifiziellen Sexualpartner, deren Herstellung sehr teuer sein dürfte, einer kleinen, wohlhabenden Oberschicht vorbehalten bleiben werden. Es werden einzeln und nur auf Bestellung produzierte Spezialartikel sein, die im Aussehen und im Benehmen Sonderanforderungen des Kunden zu erfüllen haben. Körpermaße und Hauttextur, Augen- und Haarfarbe könnten nach Spezifikation geliefert werden. Aber auch Stimme, Wortwahl, sexuelle Leistung (zum Beispiel die Erfüllung präziser »abartiger« Wünsche) könnten eingebaut werden.

In einer ausgeglicheneren Gesellschaft mit geringeren Klassenunterschieden würde man solche Wesen wahrscheinlich nur auf Staatskosten bauen, anfangs wohl auch nur zur Therapie gewisser Sexualprobleme, die nicht von menschlichen Partnern gelöst werden können. Solche von der Sozial- oder Krankenversicherung gelieferten Wesen würden dann wahrscheinlich billiger angefertigt werden, auf jeden Fall genormt, würden dagegen aber auch jedem zur Verfügung stehen, der ein Attest dafür erbringt.

Außer den bereits erwähnten Herstellungsmethoden kämen vier weitere in Betracht:

1. Parthenogenese;
2. induzierte Mutation;
3. Genverpflanzung;
4. Kloning.

Beginnen wir mit der Parthenogenese, der sogenannten Jungfernzeugung, nach Art des Schwertträgerfisches, der Pantoffelschnecke oder des Ringelwurms, die ihr Geschlecht von Natur aus ändern können, und dies nicht nur einmal, sondern wiederholt.

Die Pantoffelschnecke beginnt ihr Leben als geschlechtsloses Wesen, entwickelt sich dann in ein Männchen, hierauf in ein bisexuelles Wesen mit weiblichen und männlichen Genitalien und schließlich in ein Weibchen. Wenn genug Weibchen da sind, bleibt es ein Männchen; wenn nicht, so macht es sich als Weibchen selbständig und erzeugt Nachwuchs ohne männliche Hilfe.

Wenn wir das nachmachen könnten, würden wir erstens unsere sexuellen Erfahrungen beachtlich erweitern, zweitens größere Toleranz für das andere Geschlecht entwickeln und könnten uns schließlich fortpflanzen, ohne einen Partner zu benötigen. Wenn wir im nächsten Krieg zu viele Männer an der Front oder zu viele Frauen durch Bombardierung der Städte verlieren, könnte das überlebende Geschlecht sich selbständig fortpflanzen oder sich durch Geschlechtsumwandlung in eine männliche und eine weibliche Hälfte aufteilen. Auch bei langen Raumfahrten könnte es amüsant und abwechslungsreich sein, wenn die Teilnehmer ihr Geschlecht von Zeit zu Zeit wechselten, um eine größere Bandbreite von Paarungen zu ermöglichen.

Jean Rostand hat vor vielen Jahren zum erstenmal von Tierversuchen berichtet, bei denen man durch Hormonbehandlung im Frühstadium der Embryonalentwicklung nicht nur eine völlige Geschlechtsumkehr erwirkt, sondern durch Paarung mit Tieren des eigenen Geschlechts auch normalen Nachwuchs gezüchtet hat: »Bei Salamandern und Kröten wurden falsche (also durch Hormonbehandlung aus männlichen Embryos geschaffene) Weibchen mit echten Männchen gepaart, und falsche Männchen mit echten Weibchen, und in beiden Fällen erhielt man normale Junge, die Nachkommen von zwei Vätern beziehungsweise zwei Müttern waren.« Der einzige Nachteil solcher homosexuellen Paarungen, wenn es einer ist, liegt darin, daß die beiden Männchen nur weibliche Nachkommen haben können, während bei den beiden Weibchen ein Viertel der befruchteten Eier eingehen und unter den überlebenden Jungen etwa doppelt so viele Männchen wie Weibchen zu erwarten sind.

Offenbar ist die Verbindung zwischen Heterosexualität und Zeugung doch weit lockerer, als man bisher angenommen hatte. Fällt bei der Zeugung die Notwendigkeit fort, daß die Eltern verschiedenen Geschlechts sein müssen, so fallen auch die Tabus gegen Homosexualität. Die Illusion, daß Homosexualität eine gegen die Fortpflanzung verstoßende Form des Geschlechtsverkehrs sei, wird also von dem Augenblick an verblassen, wo sie tatsächlich nicht mehr gegen die Fortpflanzung verstößt. Die menschliche Geschlechtlichkeit wird sich zwar auch in Zukunft nicht aufheben, aber sie wird ihren polarisierten Charakter und den der Permanenz verlieren. Genau wie manche Gesellschaftsordnungen der Gegenwart sich an Geschlechtsverkehr ohne Zeugung gewöhnt haben, so mögen sich manche Sozialsysteme der Zukunft mit Zeugung ohne Geschlechtsverkehr abfinden. Ja, es mag durchaus zur Norm werden, daß das eine stets ohne das andere stattfindet.

Eines ist auch hier sicher: Mit jedem Fortschritt der menschlichen Entwicklung wird die Frau wichtiger und der Mann unwichtiger. Ein Beispiel: Die gesamte genetische Information des Menschen steckt in einem Molekül, das die Biochemiker DNS (Desoxyribonukleinsäure) nennen. Sowohl der Same wie das Ei enthalten substantielle Mengen dieser Substanz. Es ist also nicht nötig, sie aus dem Samen zu entnehmen, um das Ei zu befruchten. Man kann das zur Befruchtung erforderliche DNS ebensogut aus dem Ei isolieren, um damit ein anderes Ei zu befruchten. Das bedeutet Parthenogenese, »Jungfernzeugung«, oder wie Jean Rostand es genannt hat, »Selbst-Ehebruch der Frau«. Gordon Rattray Taylor hat mit Recht kommentiert: »Die logische Weiterentwicklung dieser Vorschläge würde zur völligen Entmachtung der Männer führen, zu einer echten Amazonenrasse.« Oder wie A. S. Parkes es ausgedrückt hat: »Biologisch gesprochen gibt es allein in diesem Lande etwa eine Million Tonnen überflüssiger männlicher Biomasse.«

Von primitiven Fadenwürmern über Salzkrebse und Blattläuse bis zu Wespen und Schmetterlingen erzeugt die Natur überall Leben ohne Mitwirkung eines »Vaters«. Daphniskrebse bringen von März bis August unbefruchtete Sprößlinge hervor. Erst dann erzeugen sie Männchen, mit denen sie sich paaren. Die Wissenschaft hat schon seit geraumer Zeit versucht, diesen Prozeß der »Jungfernzeugung« zu imitieren, indem sie die unbefruchtete Eizelle experimentell gereizt oder stimuliert hat, um ohne Mitwirken eines männlichen Tieres, aber auch ohne weibliche DNS-Zuführung, eine Frucht zu entwickeln, die selbständig Zellteilung vornimmt. Dabei erwiesen sich verschiedene Reize als wirksam: Nadelstich, ultraviolettes Licht, Röntgenstrahlen, bestimmte Chemikalien, extreme Kälte. Letzteres hat sich vorläufig als am wirksamsten erwiesen. Mit dosierter Kältezufuhr kann man die Verdoppelung der Chromosomen, die das Kennzeichen einer echten Befruchtung sind, besonders leicht hervorrufen. Mit solchen Methoden hat Gregory Pincus Kaninchen zur vaterlosen Zeugung gebracht; anderen Forschern ist das gleiche mit Putern gelungen.

Eine zweite Möglichkeit der Herstellung artifizieller Sexualpartner wäre die gezielte Mutation. Ein großer Teil aller pflanzlichen und tierischen Gattungen, mit Sicherheit der Mensch, ist nicht nur durch langsame, graduelle Evolution, sondern zusätzlich auch noch durch plötzliche Sprünge in der Entwicklungsgeschichte, sogenannte Mutationen, entstanden. Wir kennen noch nicht alle Gründe der Mutation, aber einer der wichtigsten ist radioaktive Strahlung, wie sie ständig aus dem Weltall auf uns zukommt, wie wir sie aber auch seit kurzem mit Röntgenstrahlen, in Kernkraftwerken oder mit Atombomben künstlich erzeugen.

Nichts fürchtet die Humangenetik mehr als die unerwarteten, die nicht kontrollierten und nicht kontrollierbaren Resultate solcher Strahlung, wie wir sie zum Beispiel bei den Kindern und Kindeskindern der Überlebenden von Hiroshima und Nagasaki erlebt haben. Andererseits arbeitet die wissenschaftliche Pflanzenzüchtung seit Jahrzehnten mit dem Prinzip einer kontrollierten oder »induzierten« Mutation. Man bestrahlt die Mutterpflanze mit radioaktivem Kobalt und beobachtet die Veränderung bei den folgenden Pflanzengenerationen. Taucht dabei durch Zufall eine Variante auf, die positive Werte besitzt, so züchtet man sie systematisch weiter. Einige der besten heute benutzten Getreidearten sind so entstanden.

Wenn das nun bewiesenermaßen mit Pflanzen klappt, warum sollte man es nicht auch mit Menschen versuchen? Weil wir nach heutigem Recht und nach den Moralvorstellungen der Mehrheit die danebengegangenen Resultate der Humanmutation nicht einfach wie die Abfälle unserer Pflanzenexperimente in den Müllkasten werfen können. Was wird beispielsweise aus einem mutativ gezüchteten Kind mit zwei Köpfen? Was aus einem Mädchen, dem der Arm aus der Hüfte wächst? Mit einem Knaben, der an den Schultern Füße hat? Vergasen? In der NS-Zeit wäre das möglich gewesen, heute nicht mehr, aber morgen vielleicht doch wieder? Es ist nicht undenkbar, daß die sozialen und politischen Entwicklungen, die zum NS-Staat geführt haben, in absehbarer Zeit wieder überhandnehmen werden und wir uns dann mit einer Gesellschaftsordnung konfrontiert finden, die von neuem versuchen würde, systematische Menschenzucht, darunter auch induzierte Mutation, zu betreiben. Bei der geplanten Züchtung einer Superrasse in den SS-Ordensburgen einerseits und bei den medizinischen

Experimenten in den Konzentrationslagern andererseits waren wir ja gar nicht so sehr weit von dieser Perspektive entfernt.

Mutationsexperimente werden aber stets ein Lotteriespiel mit der Genetik bleiben. Dagegen können wir heute schon eine gezielte Manipulation der menschlichen Gene ausüben, indem wir Laserstrahlen, pulsierende Röntgenstrahlen oder bestimmte Suppressorsubstanzen benutzen, um unerwünschte Gene auszuschalten. Erwünschte Gene können dann eingepflanzt werden, indem man sie von einem lebenden Wesen isoliert und durch Enzyme kopieren läßt. Der Nobelpreisträger Edward L. Tatum vom Rockefeller-Institut in New York hat diese heute in der Gentechnologie schon wieder überholte Methode bereits im Jahr 1966 vorgeschlagen. Heute finden wir uns in der Lage, weitaus kompliziertere gentechnologische Operationen vorzunehmen. Bald werden wir es sogar schaffen, dem Menschen bereits im Mutterleib beliebige Eigenschaften zu verleihen, indem man dem Fetus bestimmte Sexualtalente, bestimmte Sexualneigungen, bestimmte Sexualreaktionen pränatal einpflanzt.

Damit emanzipiert sich unser Geschlechtsleben von der Kategorie des Zufalls und beginnt sich in die der Planung einzuordnen. Wenn wir noch mehr über menschliche Eigenschaften – körperliche und seelische – gelernt haben und genauer wissen, welche Eigenschaften von welchen Genen bestimmt werden, können wir also Sexualpartner nach Wahl züchten – große oder kleine, dünne oder dicke, mit langen Beinen oder mit kurzen, mit großem Busen oder ganz ohne, mit blonden Haaren oben und mit roten unten, mit blauen Augen oder mit grünen, und so weiter und so fort. Man könnte besonders temperamentvolle oder besonders paarungsfreudige Männer und Frauen »brüten«. Der Imagination sind keine Grenzen gesetzt. Jede erdenkliche Eigenschaft könnte genetisch in einzelne Menschen oder in bestimmte Gesellschaftsschichten eingepflanzt werden.

Von dem Augenblick an, da wir den Menschen durch Gentechnik mit jedem beliebigen Talent ausstatten können, verliert natürlich auch das Prinzip der Leistung und damit die ganze Ideologie der Leistungsgesellschaft ihren Sinn. Denn da man sich nicht mehr anzustrengen braucht, um Wissen zu erwerben, sondern Wissen und Können chirurgisch implantieren kann, wird der Chirurg zum

Herrn der Gesellschaft. Schachgroßmeister werden dann nicht mehr gegen Schachgroßmeister kämpfen, sondern Gentechniker werden miteinander wetteifern, wer aus einem Durchschnittsmenschen den besseren Schachspieler machen kann.

Genau wie es heute geschieht, daß im Leistungssport nicht mehr Sportler gegen Sportler antreten, sondern Trainer und Sportärzte mit anderen Trainern und Sportärzten wetteifern, wer die besseren Anabolika herstellt und sie unauffälliger spritzt, so werden bald nicht mehr Schönheitsköniginnen gegen Schönheitsköniginnen antreten, sondern Gentechniker und Reproduktionsmediziner werden mit anderen Gentechnikern und Reproduktionsmedizinern wetteifern, wer die schöneren Frauen herstellen kann.

Damit wird der sexuelle Wettbewerb – der Kampf um den potentesten Jüngling, um das leidenschaftlichste Mädchen – sinnlos und hinfällig. Er verwandelt sich in einen Wettbewerb zwischen Genetikern, wer denn wohl die leidenschaftlichste Frau, den virilsten Mann herzustellen vermag. Und damit mag sich nun wiederum alles ändern, denn der erstrebenswerteste Mann wird der Genetiker sein, der den erstrebenswertesten Mann herstellen kann, und die umworbenste Frau wird die Genetikerin sein, welche die umworbensten Frauen fabrizieren kann.

Schließlich eröffnet sich uns in ferner Zukunft auch noch ein vierter Weg zur Herstellung »idealer« Sexualpartner – der sogenannte Klon-Prozeß (vom griechischen *klon*: Schößling, Trieb, Sprosse), der sich auf der botanischen Erfahrung aufbaut, daß man aus jedem Teil einer jeden Pflanze eine begrenzte Zahl von identischen Pflanzen entwickeln kann. Diese Pflanzen sind dann aber keine »Sprößlinge« im üblichen Sinne, sondern genetisch identische Zwillinge, sozusagen botanische Xerographien des Originals. Der erste Durchbruch zum Klonen von Tieren gelang dem englischen Zoologen John B. Gurdon (Universität Oxford), der aus der Darmwand eines Frosches eine einzelne Zelle entnahm (sie hätte auch aus jedem beliebigen anderen Körperteil stammen können), den Zellkern heraustrennte und ihn in eine unbefruchtete Eizelle des Frosches einsetzte, deren eigener Kern vorher durch Bestrahlung neutralisiert worden war. Gurdon ging dabei von der korrekten These aus, daß nicht nur die Geschlechtszellen, sondern auch alle anderen Zellen eines jeden lebenden Wesens die gesamte genetische Information zur Verdoppelung seiner selbst enthalten. Wie erwartet, produzierte der Frosch ohne Befruchtung durch ein anderes Tier ein haargenaues Duplikat seiner selbst.

Die Implikationen dieser Entdeckung sind atemberaubend. Nicht nur könnte man bei Unfällen oder Amputationen Duplikate der verlorenen Körperteile erzeugen, sondern jeder Mensch, einerlei ob männlichen oder weiblichen Geschlechts, könnte auf diese Weise eine Anzahl von Duplikaten seiner selbst in die Welt setzen. Für spezialisierte Zwecke ließen sich von besonders begabten Individuen spezialisierte Kopien ziehen: Einsteins zum Rechnen, Rembrandts zum Malen, Cassius Clays zum Boxen, und natürlich Marilyn Monroes und Giacomo Casanovas zum Koitieren.

Sofort tauchen dabei aber wieder einmal Bedenken auf, wer denn wohl das Recht habe, von sich oder anderen Menschen Zwillinge anfertigen zu lassen, und wem dieses Recht versagt werden solle. Juristisch wäre auch zu fragen, ob man die Kopien überhaupt als Menschen bezeichnen darf und welche erbrechtlichen Beziehungen sie zu ihrem »Original« haben. Die Versuchung, sich selbst zu vervielfachen, ist nicht von der Hand zu weisen. Manche Menschen werden ihr nicht widerstehen können. Besitzen sie nun die finanziellen Mittel, den Klonzüchter zu veranlassen, eine Anzahl von Kopien ihrer selbst anzufertigen, so stellen sie eine gewisse Gefahr dar: »Dreiundzwanzig Mozarts könnten wir gerade noch verkraften, aber dreiundzwanzig Hitlers sind ein wenig viel.«

Gordon Rattray Taylor, den ich oben zitiert habe, ist einer der wenigen Futurologen, die sich mit den gesellschaftlichen Auswirkungen biologischer Entdeckungen ernsthaft auseinandergesetzt haben. Vor mehr als zwei Jahrzehnten hat er einige dieser Fragen bereits formuliert: »Von wem soll die eine Zelle genommen werden, aus der hunderttausend Nachkommen hervorgehen? Welche Art von Selbstverständnis würden die Mitglieder dieser neuen Kaste entwickeln? Würden sie sich als eine Elite betrachten, die Heirat (in einer Art Masseninzest) nur unter ihresgleichen erlaubt? Wenn sie dagegen ihren Partner auch unter Menschen, die nicht durch Klonen gezüchtet wurden, wählen dürfen, würde dann nicht ihr sorgfältig ausgewähltes Erbgut verwässert werden? Obwohl man natürlich nicht ausschließen kann, daß auch auf diese Weise das allgemeine Niveau des Erbguts verbessert werden könnte. Die andere Möglichkeit wäre, daß sie außerhalb ihres Klons überhaupt nicht heiraten dürften.«

Klon-Brüder und Klon-Schwestern hätten normalen Menschen gegenüber große Vorteile. Wie bei eineiigen Zwillingen könnten sie Gewebe und Organe untereinander austauschen, ohne körperliche Abwehrsymptome befürchten zu müssen. Umgekehrt konstituieren diese Klon-Geschwister aber natürlich auch ein eugenisches Risiko. Denn wenn der Genetiker bei ihrer Züchtung auch nur den kleinsten Kunstfehler macht, übertragen sich ihre negativen Erbanlagen auf unzählige Menschen. Schließlich wissen wir bereits aus der Pflanzenzucht, daß reine Klonzüchtungen geringe Widerstandskraft haben. Deshalb versuchen die Züchter, ihre Klongattungen stets mit natürlichen Arten zu kreuzen, um eine verhältnismäßig stabile und resistente Pflanze hervorzubringen.

Wenn es nun möglich wäre, geklonte Sexualpartner herzustellen, mit denen man die erotischen Freuden des Inzests legal auskosten dürfte, wäre die Versuchung, immer mehr davon herzustellen, nahezu unwiderstehlich. Wie steht es dann mit der Versorgung dieser zusätzlichen Erdenbürger? Wo sollen sie auf der begrenzten Oberfläche der Erde untergebracht werden? Wer versorgt sie, wenn sie sich nicht selbst versorgen können? Wird sich – nachdem wir das Problem der natürlichen Übervölkerung endlich durch Verhütungsmittel in den Griff bekommen haben – nicht eine neue Übervölkerungsgefahr durch artifizielle Menschen ergeben?

An diesem Punkt müssen wir einen Augenblick einhalten und uns fragen, worauf denn dieses seltsame Interesse an geklonten oder anders hergestellten Sexualpartnern und -partnerinnen überhaupt zurückgeht. Hat es vielleicht etwas mit dem veränderten Verhältnis des Menschen zu seiner Umwelt zu tun? Wieso haben sich die Männerlegenden von der artifiziellen Sexualpartnerin stets in Zeiten besonderer Entfremdung von einer bis dahin als harmonisch empfundenen Beziehung zwischen Mensch und Umwelt entwickelt?

Das gilt für den Mythos vom Bildhauer Pygmalion, der sich in seine zum Leben erweckte Elfenbeinstatue verliebt, sowohl in seiner ersten Fassung (Philostephanos von Kyrene, 3. Jahrhundert v. Chr.) wie der zweiten (Ovid, 43 v. Chr. – 17 n. Chr.) und dritten (Arnobius, 3. Jahrhundert n. Chr.); für die Geschichte von der künstlichen Nachbildung der Isolde in der Tristandichtung des

12. Jahrhunderts; für die arabische Legende des 12. Jahrhunderts von den künstlichen Mädchen, die auf den Feigenbäumen der Insel Wakwak heranwachsen; für die Behauptung, daß der Philosoph Descartes (1596–1650) sich eine artifizielle Nachbildung seiner Tochter Francine gebaut habe; für E. T. A. Hoffmanns Sexpuppe Olimpia (1776–1882); für Villiers de l'Isle Adams' »Eva der Zukunft« (1838–1889) und auch für Fritz Langs Film »Metropolis« (1926) über die von Brigitte Helm verkörperte künstliche Frau des Maschinenzeitalters.

Solche Legenden hätten sich in der Zeit des Wildbeutertums der Vorjägerstufe (Altpaläolithikum) nie herausgebildet, weil diese vorzeitlichen Sammlerkulturen harmonisch in ihrer Umwelt lebten. Mit der Entstehung der Landwirtschaft im Neolithikum begann aber bereits die Illusion des Menschen, er könne seine Umwelt ausbeuten, ohne sie zu schädigen. Mit der Industrie setzte dann die endgültige, unwiderrufliche Zerstörung der Natur ein. Sie hat während der letzten Jahrzehnte, dem Zeitalter der Gentechnologie und der Reproduktionsmedizin, zu der paradoxen Erkenntnis geführt, daß wir in der ruinierten Umwelt nur dann überleben können, wenn wir uns selbst modifzieren, wenn wir sowohl unseren Körper wie unsere Psyche artfremd umbauen.

Seit den dreißiger Jahren unseres Jahrhunderts läßt sich der ruinöse Einfluß sowohl der Industrie wie der Landwirtschaft auf die Potenz beider Geschlechter nicht mehr verbergen. Meine Spekulation, es könne sich dabei um einen Exzeß von Antihormonen handeln, war möglicherweise nicht ganz so absurd, wie sie manchem Biologen vorgekommem sein mag. Eine großangelegte Studie der Weltgesundheitsorganisation WHO hat ergeben, daß seit rund vierzig Jahren die Zahl der Spermien bei fast allen Säugetieren ebenso drastisch abnimmt wie beim Menschen.

Ein Großteil des von uns getrunkenen Wassers, ein großer Teil der Milch, fast alle Pestizide enthalten östrogenartige Stoffe, zum Beispiel Nonylphenol, welche die Sertorizellen angreifen und bei männlichen Säugetieren Sterilität, Infertilität oder Verweiblichung hervorrufen.

Über diesen apokalyptischen Prozeß ist bisher nur sehr wenig veröffentlicht worden. Er ist aber recht sorgfältig in dem BBC-Film »Attacke auf die Manneskraft«, der am 13. April 1994 von West 3 ausgestrahlt worden ist, dokumentiert worden. In einer unveröffentlichten Arbeit habe ich nicht nur den Verlust der Fertilität, sondern auch den drastischen Schwund des Begehrens, den Verfall der Fähigkeit des sexuellen Vollzugs und den Rückgang der sexuellen Befriedigung mit allen der Sexualwissenschaft verfügbaren Belegen geschildert. Er enthüllt sich unter anderem auch in dem Wuchern jener Ersatzhandlungen, die den Geschlechtsverkehr im Westen allmählich zu verdrängen drohen. Auf das Goldene Zeitalter, in welchem die Menschen sich noch lustvoll miteinander gepaart hatten, ist ein Zeitalter gefolgt, in welchem habituelle Selbstbefriedigung eher zur Regel als zur Ausnahme geworden ist.

Die Nackedeis in den Boulevardzeitungen und »Herrenmagazinen«, die Pin-ups in den Kleiderschränken der Kasernen, die männlichen Stripper und die Oben-ohne-Kellnerinnen, die Soft-Pornos im Fernsehen, die pornoartigen »neuen« Spielfilme, die Hardcore-Videos, die Sexshops und der Versandhandel mit Sex-Gadgets – all das ist ja kein Beweis befriedigender Sexualität, sondern bestenfalls einer, daß die Marktwirtschaft immer mehr *Substitute* des Geschlechtsverkehrs auf den Markt wirft, um die wachsende Nachfrage nach Sex-Surrogaten zu erfüllen. (Siehe hierzu mein Buch *Sexuelle Marktwirtschaft*, Fischer Taschenbuch, Bd. 12026.) Es beweist nicht, daß die Menschen mehr und zufriedenstellender koitieren als früher, sondern daß sie immer mehr Hilfsmittel benötigen, um überhaupt noch koitieren zu können.

Als letzten Ausweg aus der Ära der Sex-Substitute bietet sich der Mensch nun als sein eigenes Substitut an. Da wir uns aus finanziellen Gründen geweigert haben, unsere Umwelt menschlicher zu gestalten, sind wir jetzt gezwungen, uns selbst so umzugestalten, daß wir in einer stetig unmenschlicher werdenden Umwelt überhaupt noch überleben können. Erste Anzeichen dieses Selbstumbaus unserer Gattung sehe ich nicht nur in der Gentechnologie und in der Reproduktionsmedizin, sondern bereits in der Schönheitschirurgie und in jener seelischen Verschönerungsindustrie, die sich manchmal als Psychotherapie, manchmal als Lebenshilfe maskiert und in dem Versuch kulminiert, uns als etwas völlig anderes darzustellen als wir sind. Nicht nur begnügen wir uns aber damit, uns selbst schöner, attraktiver und »liebenswerter« zu machen, als wir sind, sondern wir verlangen jetzt auch in wachsendem Maße von unseren

Sexualpartnern und -partnerinnen, daß sie das gleiche für uns tun. Bald werden wir die kosmetischen Chirurgen, die Psychotherapeuten und die Lebenshelfer veranlassen, sich mit den Gentechnikern zusammenzutun, um jene sexuellen Attribute in unsere Partner und Partnerinnen einzubauen, die unser abgekühltes Blut noch einmal in Wallung bringen sollen.

Das ist die heutige Vorgeschichte der artifiziellen, der »perfekten« Sexualgefährten und -gefährtinnen von morgen. Ein solcher Wahn kann sich nur in einer total gescheiterten Kultur herausbilden. Was meine Eltern und Großeltern noch »Liebe« nannten, ist heute zu einer Mischung von Wut und Sucht geschrumpft – bei den Frauen zur Wut über die Männer, bei den Männern zur Wut über die Frauen, und bei den wenigen, deren Begierde heute immer noch größer als ihre Wut ist, zu einer suchtartigen Jagd nach Befriedigung. Dabei werden uns die Gefühle des anderen immer unwichtiger, so daß es am Ende auch nicht mehr darauf ankommt, ob das Wesen, das uns da befriedigt, ein Mensch oder ein Roboter ist.

Kann eine Gattung, der das gleichgültig ist, überleben? Wird die totale Erfüllung unserer sexuellen Wünsche uns nicht eher Langeweile als Befriedigung liefern? Werden wir nicht gerade jener Genüsse überdrüssig, die wir uns allzuleicht verschaffen können? Sigmund Freud hat einmal über die Selbstbefriedigung gesagt, daß sie keineswegs aus moralischen Gründen zu beanstanden sei, daß sie aber trotzdem ernste Gefahren berge, weil sie »bedeutsame Ziele mühelos, auf bequemen Wegen anstatt durch energische Kraftanstrengungen erreichen lehrt«.

Das ist enorm klug. Denn gerade in der Autonomie des Sexualpartners liegt doch seine Faszination. Liebten wir ihn noch, wenn er stets genau das täte, was wir von ihm wollen? Liegt der Reiz der Liebe nicht gerade darin, daß das geliebte Wesen unbestimmbar bleibt, überraschende Dinge sagt und tut, unseren Wünschen manchmal widersteht? Ist es nicht gerade der Zufallscharakter der Begegnung zweier Menschen, der sie dazu zwingt, aus sich herauszugehen und *Anstrengungen* auf sich zu nehmen, um den anderen zu gewinnen, zu halten, zu überzeugen, daß wir der Richtige für ihn sind?

Die Bibel beschreibt den Sexualakt als »Erkennen«. Erkennen beruht auf einer Wechselwirkung zwischen Subjekt und Objekt. Jeder

Erkenntnisakt verändert deshalb sowohl das Erkannte wie den Erkennenden. Ist das Objekt keiner Erkenntnis fähig, weil es kein Mensch ist, wird weder der Erkennende noch das Erkannte verändert. Es ist also die *Auseinandersetzung* mit dem geliebten Menschen, die zur gegenseitigen Befriedigung der Liebenden unerläßlich ist. Die Tragödie des Traums von der perfekten Erfüllung unserer sexuellen Wünsche liegt darin, daß der Genuß um so schaler wird, je perfekter die Wünsche erfüllt werden. Die Tragödie der in den Kapiteln 3 und 5 beschriebenen Kulturen ist, daß sie es den Menschen zu leicht machen, an ihre Orgasmen heranzukommen. Die Ekstase verliert ihre kostbare Einzigartigkeit, wenn sie sich per Knopfdruck realisieren läßt.

Vielleicht sollte ich zum Schluß die Haltung meines eigenen Berufsstandes, der Sexualwissenschaft, zu diesen teils wertfrei, teils mit Abscheu beschriebenen Facetten des Sexuallebens der Zukunft schildern. Ich will das versuchen, indem ich unser Weltbild mit dem der Evolutionsbiologen vergleiche. Sie meinen, daß wir Menschen uns mit einem ganz bestimmten Zweck paaren, nämlich dem, unsere fortpflanzungstauglichen Eigenschaften an die nächste Generation weiterzugeben. Die Tatsache, daß wir uns dieses Zwecks nicht bewußt werden und uns statt dessen so obskure Motive wie »Liebe« vorgaukeln, verdammt uns in den Augen der Evolutionsbiologen zu unverbesserlichen Romantikern.

Wenn ich das lese, fühle ich mich an das Weltbild fundamentalistischer Religionen erinnert. Wie die Fundamentalisten den Menschen als unveränderlich triebhaftes, von einem unerbittlichen Gott mit harter Hand beherrschtes Wesen sehen, so sieht der Evolutionsbiologe ihn als unveränderlich triebhaftes, von seinen unerbittlichen Genen gelenktes Wesen. Er koitiert nicht etwa, um im Geschlechtsverkehr Befriedigung zu finden, sondern um jene Gene, die stammesgeschichtlich erfolgreich waren, an möglichst viele Kinder weiterzugeben. Er hat keinen auch nur halbwegs freien Willen in seinen sexuellen Entscheidungen.

Für uns Sexualwissenschaftler ist das eine aufgetakelte Form des archaischen Glaubens an eine Höhere Macht, eine Anbetung jener alten Naturgottheiten, die angeblich unser Schicksal lenken. Wir dagegen arbeiten schon seit Jahrzehnten nicht mehr mit dem Konzept des Triebs und der Triebhaftigkeit, sondern sehen im Menschen ein gesellschaftlich veränderliches, zu vielen Alternativen fähiges Geschöpf mit freiem Willen zur Veränderung seines Lebens und seiner Gesellschaftsordnung. Wir sehen in der menschlichen Sexualität eine nahezu unbegrenzt variable und formbare Kraft, die von jeder Kultur neu gestaltet wird und ihrerseits einen großen Anteil an der Gestaltung und Veränderung der Welt hat. Für uns ist die Sexualität keineswegs Teil eines geschlossenen Systems, einer »Strategie der Gene« oder gar eines »egoistischen Gens«, sondern Teil eines offenen Plans der Natur, der sich in jedem Individuum anders als bei seinen Mitmenschen erfüllt.

Das macht sein Leben und seine gesellschaftlichen Aufgaben aber nicht einfacher. Fast jede der in diesem Kapitel erwähnten Erfindungen ist leichter als wissenschaftliche denn als gesellschaftliche Aufgabe zu lösen. Darin liegt der bereits erwähnte Fehler der ersten Generation von Zukunftsforschern: Sie haben prognostiziert, als ob die biotechnischen Möglichkeiten einer gesellschaftlichen Nutzung gleichkämen oder als ob die Lösung des Problems bedeute, sie käme der Menschheit auch prompt zugute. In einer Gesellschaftsordnung wie der unsrigen, in der die Naturwissenschaft der Gesellschaftswissenschaft um einige tausend Jahre voraus ist, stellt aber gerade die Lösung der sozialen Probleme die wirkliche Schwierigkeit dar. Es ist diese Schwierigkeit, die auch den Fortschritt der Zukunftsforschung blockiert.

Ich habe das Manuskript dieses Buches eine Zeitlang unter meinen Kolleginnen und Kollegen zirkulieren lassen, wie ich das mit jedem meiner bisherigen Werke vor der Freigabe zur Veröffentlichung getan habe, und ich will im folgenden kurz auf die häufigsten Einwände eingehen. Sie befaßten sich weniger mit meinem Konzept der Liebe und dessen zeitgebundenem Charakter als mit der Wahrscheinlichkeit der prognostizierten Ereignisse. Vor allem wurde meine mangelnde Berücksichtigung gesetzlicher Maßnahmen zur Verhinderung der apokalyptischen Geschehnisse gerügt. Mehrheitlich meinten meine Kritiker, daß der Datenschutz die Weitergabe sexueller Daten, auf denen das dritte Kapitel beruht, unmöglich machen würde und daß die in allen Industrieländern eingeführten Gesetze zur Eingrenzung der Reproduktionsbiologie und der Genmanipulation die im fünften Kapitel geschilderte Herstellung maßgeschneiderter Sexualpartner verhindern würde.

Ich sympathisiere mit all diesen Gesetzen, und ich wäre glücklich, wenn sie die erwünschte Wirkung hätten, aber ich bin überzeugt, daß sie kurzlebig sein werden. Man wird sie ändern, novellieren, übertreten oder abschaffen, sobald die Machthaber unserer Gesellschaft daraus Nutzen ziehen können. Noch nie in der menschlichen Geschichte ist etwas, das machbar war, nicht gemacht worden.

Andererseits hängt die Realisierung des Denkbaren völlig von dem technischen Status einer gegebenen Gesellschaftsordnung ab, und der wiederum richtet sich nach dem Entwicklungsniveau der Gesellschaftsordnung. Leonardos Fluggeräte und Unterseeboote sind nur deshalb nicht gebaut worden, weil der gesellschaftliche Entwicklungsstand der Renaissance die erforderlichen Kenntnisse noch nicht ermöglichte – und vielleicht auch, weil die Kleinstaaterei des damaligen Italiens die Entwicklung der erforderlichen Produktionsmittel auf breiter Ebene verhinderte.

»Was gemacht werden kann, wird gemacht«, hat Günther Anders mit Trauer am Ende seines Lebens bekannt. Ich fürchte, daß er recht gehabt hat. Alle Erfahrungen meines langen Lebens bestärken mich in der Furcht, daß kein erdenkliches Gegenargument, kein Parlament, kein Oberstes Gericht und auch keine Revolution das ändern können. Man erinnere sich bitte an die bewaffneten Arbeiter von Nottingham, die im Jahr 1812 die Maschinen stürmten, um das Industriezeitalter mit all seinen schrecklichen Folgen noch rechtzeitig zu bremsen.

Sie scheiterten.

Leider.

Diese Erkenntnisse dürfen uns aber nicht daran hindern, alles daranzusetzen, sie zu widerlegen. Der Fortschritt, den es ja nach Meinung der Postmoderne nicht gibt und auch gar nicht geben kann, beruht darauf, daß eine winzige Minderheit gegen den Rat der großen Mehrheit das Unmögliche versucht – und schafft!

Namen- und Sachregister